Kohlhammer

Praktische Theologie heute

Herausgegeben von

Stefan Altmeyer
Christian Bauer
Moritz Emmelmann
Kristian Fechtner
Benedikt Kranemann
Isabelle Noth
Teresa Schweighofer
Birgit Weyel

Band 209

Isabelle Noth/Dorothee Arnold-Krüger/Evelyn Krimmer
(Hrsg.)

Evangelische Gesundheitsseelsorge

Grundlagen einer gesundheitssensiblen
Poimenik jenseits des Krankenhauses

Verlag W. Kohlhammer

1. Auflage 2025

Alle Rechte vorbehalten
© W. Kohlhammer GmbH, Stuttgart
Gesamtherstellung: W. Kohlhammer GmbH, Heßbrühlstr. 69, 70565 Stuttgart
produktsicherheit@kohlhammer.de

Print:
ISBN 978-3-17-046481-0

E-Book-Formate:
pdf: ISBN 978-3-17-046482-7
epub: ISBN 978-3-17-046483-4

Dieses Werk einschließlich aller seiner Teile ist urheberrechtlich geschützt. Jede Verwendung außerhalb der engen Grenzen des Urheberrechts ist ohne Zustimmung des Verlags unzulässig und strafbar. Das gilt insbesondere für Vervielfältigungen, Übersetzungen, Mikroverfilmungen und für die Einspeicherung und Verarbeitung in elektronischen Systemen.
Für den Inhalt abgedruckter oder verlinkter Websites ist ausschließlich der jeweilige Betreiber verantwortlich. Die W. Kohlhammer GmbH hat keinen Einfluss auf die verknüpften Seiten und übernimmt hierfür keinerlei Haftung.

Inhalt

1. Einleitung 7
   Isabelle Noth

2. Gesundheit im Alten Testament 9
   Andreas Wagner

3. Gesundheit im Neuen Testament 25
   Michael Tilly

4. Ein evangelisches Gesundheitsverständnis 41
   Reiner Anselm

5. Ethische Themenverschiebungen in der Gesundheitsseelsorge ... 49
   Dorothee Arnold-Krüger

6. Kirche als gesundheitssorgende Gemeinschaft im Sozialraum.
   Von kirchentheoretischen Diskursen zu praktischen
   Herausforderungen 69
   Uta Pohl-Patalong

7. Gesundheitsseelsorge und Kinder- und Jugendseelsorge. Versuch
   einer konzeptionellen Verhältnisbestimmung aus
   religionspädagogischer Sicht 81
   Evelyn Krimmer

8. Gesundheit in religionspsychologischer Sicht – salutogene Effekte
   von Religiosität und die spirituelle Dimension des Befindens ... 95
   Constantin Klein

9. Gesundheit aus persönlichkeitspsychologischer Sicht:
   Implikationen für die Gesundheitsseelsorge 113
   Mathias Allemand & Isabelle Noth

Die Beitragenden 129

1. Einleitung

Isabelle Noth

Die vorliegenden Aufsätze sind die ausgearbeiteten Vorträge, die an einer dreitägigen intensiven Sozietät im Februar 2025 zu Gesundheit und Seelsorge am Thunersee gehalten und diskutiert wurden. Die Tagung nimmt auf breiterer Basis einen Zugang auf, der seine Grundlegung unter dem Stichwort »Gesundheitsseelsorge« in einer von der Abteilung Seelsorge, Religionspsychologie und Religionspädagogik der Theologischen Fakultät Bern initiierten Forschungssozietät im Oktober 2024 erfuhr.[1]

Ausgangspunkt, um dieses neue Forschungsfeld Gesundheitsseelsorge zu bedenken, war die Beobachtung, dass *Krankheit* als Topos theologischer Nachdenkensprozesse bis in die feinsten Verästelungen der Fachdiskurse verankert ist[2] und gerade auch in der Seelsorge breit behandelt wird, wo sie insbesondere im Bereich der Krankenhausseelsorge viel Aufmerksamkeit erfährt. *Gesundheit* hingegen – obschon für viele das höchste Gut und beinahe selbst zur Religion erhoben – fand theologisch bisher vergleichsweise wenig Beachtung.[3] Sie scheint im Reigen wissenschaft-

---

[1] Isabelle Noth/Thomas Wild/Sabina Ingold/Martin Roth (Hg.), Gesundheitsseelsorge in der Schweiz. Reformierte Perspektiven, Zürich 2025. Zum zugrundeliegenden kirchlichen Mandat vgl. Isabelle Noth, Einleitung, in: ebd., 7–10.

[2] Vgl. z. B. den grundlegenden Band von Günter Thomas/Isolde Karle (Hg.), Krankheitsdeutung in der postsäkularen Gesellschaft. Theologische Ansätze im interdisziplinären Gespräch, Stuttgart 2009.

[3] Zu den Ausnahmen zählen v. a. Ulrike Kostka, Der Mensch in Krankheit, Heilung und Gesundheit im Spiegel der modernen Medizin. Eine biblische und theologisch-ethische Reflexion, Münster/Hamburg 2000; Severin J. Lederhilger (Hg.), Gott, Glück und Gesundheit. Erwartungen an ein gelungenes Leben. 6. Ökumenische Sommerakademie Kremsmünster 2004, Frankfurt a. M. u. a. 2005; Christof Gestrich (Hg.), An Leib und Seele gesund. Dimensionen der Heilung, Berlin 2007; Michael Roth/Jochen Schmidt (Hg.), Gesundheit – humanwissenschaftliche, historische und theologische Aspekte, Leipzig 2008; Dominik Baltes, Heillos gesund? Gesundheit und Krankheit im Diskurs von Humanwissenschaften, Philosophie und Theologie, Freiburg 2013; Hans-Martin Rieger, Gesundheit: Erkundungen zu einem menschenangemessenen Konzept, Leipzig 2013; Beate Jakob/Ulrich Laepple, Gesundheit, Heilung und Spiritualität. Heilende Dienste in Kirche, Diakonie und weltweite Ökumene, Neukirchen-Vluyn 2014; Lothar Stempin, Gesundheit als Gabe. Zur Wiederkehr religiöser Begründungen von Gesundheit und spirituell geprägter Gesundheitspraxis, Göttingen 2014; Martin Wendte, Hauptsache gesund! Jesus, Corona und die Gesundheitsgesellschaft, Leipzig 2021; Günter Thomas, Chaos und Erbarmen. Gesundheit und Krankheit in Karl Barths Theologie, Zürich 2023. Hier besonders erwähnt werden muss die Promotionsschrift von Norina Ullmann, Glaube und Gesundheit. Impulse der empirischen Religionspsychologie für eine integrative Seelsorge, Berlin/Boston 2024; vgl. dazu die Rezension von Isabelle Noth, in: ThLZ 7 (2025), Sp. 626–628.

licher Disziplinen primär der Medizin zugeordnet zu werden. Gegen diese herrschende Sichtweise muss theologisch mit Verve Einspruch erhoben werden. Theologie, Seelsorge und Gesundheit stehen nämlich in enger Verbindung miteinander, und es ist dringend Zeit, die Analyse so weit voranzutreiben, dass ein Beitrag der Theologie und der Seelsorgeforschung in diesem hochbrisanten gesellschaftlichen Diskurs deutlicher sichtbar wird.

Mit Blick auf das Selbstverständnis der Seelsorgeforschung gilt es, Gesundheit als Thema der Seelsorge ins Bewusstsein zu heben. Es ist für eine »Fokusverlagerung« »von der Spitalseelsorge zur Gesundheitsseelsorge« im Sinne einer »Horizonterweiterung« jenseits des Krankenhauses zu plädieren.[4]

Ziel der Soziatät im Februar 2025 war es, die Gesundheitsseelsorge als gesundheitssensible Seelsorge weiterzuentwickeln und sie im evangelischen Kontext zu konzeptualisieren.[5] Dabei kamen Kolleginnen und Kollegen aus den klassischen evangelisch-theologischen Disziplinen zusammen, die zunächst Zugänge zum Thema Gesundheit von ihren je eigenen Fächern her darlegten. In einem zweiten Schritt wurde versucht, diese exegetischen und systematischen Impulse sowie religionspsychologische Forschungsergebnisse zu Religiosität und Spiritualität für die Seelsorgetheorie wie auch für konkretes seelsorgliches Handeln fruchtbar zu machen. Die Vielzahl neuer und bereichernder Einsichten liegt hiermit vor. Mein Dank gilt den Kolleginnen und Kollegen, die an der diesjährigen Soziatät teilnahmen und ihre Beiträge hier zur Verfügung stellen und zu denen die beiden Mitherausgeberinnen Dorothee Arnold-Krüger und Evelyn Krimmer[6] zählen, sowie dem Kohlhammer-Verlag, dank deren tatkräftigem Mitwirken der Band, der eine weitere Phase in der Ausarbeitung und Implementierung einer Gesundheitsseelsorge bezeichnet, der Öffentlichkeit übergeben werden kann.

Gunten, im Juni 2025   Isabelle Noth

---

4 Vgl. Isabelle Noth, Von der Spitalseelsorge zur Gesundheitsseelsorge: Plädoyer für eine poimenische Fokusverlagerung im 21. Jahrhundert, in: Noth/Wild/Ingold/Roth (Hg.), Gesundheitsseelsorge, 13–38; Thomas Wild, Gesundheitsseelsorge. Eine notwendige Horizonterweiterung, in: ebd., 85–102.

5 Vgl. Isabelle Noth, Gesundheitsseelsorge als gesundheitssensible Seelsorge, in: WzM 4 (2025), 338–343.

6 Vgl. Evelyn Krimmer, Gesundheitsseelsorge. Zur Chance eines spezialseelsorglichen Perspektivenwechsels im Blick auf die Kinder und Jugendlichen, in: Noth/Wild/Ingold/Roth (Hg.), Gesundheitsseelsorge, 155–164.

2. Gesundheit im Alten Testament

Andreas Wagner

2.1 Historische Lebens-, Krankheits- und Gesundheitsbedingungen, insbesondere die Frage des Lebensalters von Menschen in alttestamentlicher Zeit[1]

Das Herausarbeiten von konzeptuellen Vorstellungen zu Gesundheit, Krankheit und ähnlichen Themenbereichen muss immer die Rahmenbedingungen berücksichtigen, unter denen Menschsein in der untersuchten Zeit und Kultur stehen. Der zeitliche Hintergrund ist hier vorwiegend das erste Jahrtausend vor Christus im Raum des Alten Israel, im Kontext Kannaans und der großen Nachbarkulturen aus Mesopotamien, Kleinasien und Ägypten.

Nicht zuletzt die Altersstruktur einer Gesellschaft bestimmt auch ihre Vorstellungen von Gesundheit und Lebensidealen (vgl. unten Abschn. 2.2.6). Von welcher Altersgruppe ist die Welt, die hinter dem AT steht, geprägt?

Im AT werden verschiedene Lebensphasen unterschieden:[2]

Tabelle 1:

Wolff glaubt in seiner Anthropologie, folgenden Sachverhalt festhalten zu können:	Jer 51,22 kennt vier Lebensabschnitte:	Jer 6,11 gliedert noch genauer, unterscheidet insbesondere die Alten noch einmal in die reifen Erwachsenen und die nicht mehr arbeitsfähigen Hochbetagten (Greise):
Kinder (*yôneq* Brustkind Dtn 32,25, *na'ar* Knabe Ps 148,12)	Kinder (*na'ar*)	Kind (*'ôlāl*) auf der Gasse
junge Männer (*bāḥûr*) und erwachsene Mädchen bzw. junge Frauen (*bᵉtûlāh*) Dtn 32,25	Jugendliche (*bāḥûr*, *bᵉtûlāh*)	*sôd*/Kreis der jungen Männer (*bāḥûr*)

---

1 Vgl. Andreas Wagner, Alt und Lebenssatt. Alttestamentliche Vorstellungen über das Glück, in: Andreas Wagner u. a. (Hg.), Glück, Bern 2011, 255–270; die hier vorgelegten Ausführungen folgen Abschnitt 2. Weitere Literatur: Jürgen van Oorschot/Andreas Wagner (Hg.), Biographie und Lebensalter. Zur materialen, soziologischen und theologischen Verfasstheit biografischer Bezüge, Leipzig 2023.
2 Vgl. zu den folgenden Angaben: Hans-Walter Wolff, Anthropologie des Alten Testaments, mit zwei Anhängen neu hg. von Bernd Janowski, Gütersloh 2010, 178–189.

	verheiratete Erwachsene (ʾîš und ʾiššāh)	Mann und Frau (ʾîš und ʾiššāh), verheiratet)
reife, ältere Männer und Frauen (alle, die zāqen sind)	alle, die zāqen sind	Alte (alle, die zāqen sind)
		Hochbetagte (mᵉleʾ yāmîm)

Natürliches hohes Alter kommt in Erzählungen *vereinzelt* vor. Es gibt durchaus Erzählungen, die von Hochbetagten handeln: In 1. Sam 4,15 wird über den Priester Eli gesagt, dass er erst mit 98 Jahren starb. Und von Barsillai heißt es in 2. Sam 19,32–41, dass er im hohen Alter von 80 Jahren David half. Allerdings sind weder deren Existenz noch die Altersangaben historisch belegbar. Dies ist auch bei David der Fall.[3] Sein Lebensalter von 70 Jahren dürfte wohl ähnlich symbolisch »gerundet« sein wie die 40 Jahre, die als seine Regierungszeit angegeben sind.[4]

Die genauesten Altersangaben in der alttestamentlichen Literatur stammen von den Königen. Als Beispiele für Menschen, deren Lebensalterangaben einigermaßen verlässlich und nachvollziehbar sind, können die judäischen Könige gelten. Ihre Chronologie ist gut überschaubar, und hier finden wir schon interessante und realistische Angaben:[5]

- Rehabeam: 56 Jahre
- Josaphat: 55 Jahre
- Joram: 38 Jahre
- Ahasja: 21 Jahre
- Joas: 45 Jahre
- Amazja: 38 Jahre
- Asarja: 66 Jahre
- Jotham: 40 Jahre
- Ahas: 35 Jahre
- Hiskia: 56 Jahre
- Manasse: 66 Jahre
- Amon: 22 Jahre
- Josia: 38 Jahre
- Jojakim: 35 Jahre

Das Lebensalter der Könige schwankt also zwischen 21 und 66 Jahren, es ergibt sich ein Altersdurchschnitt von ca. 44 Jahren. Offenbar hat also keiner der Könige ein so hohes Alter erreicht, wie es von den hochbetagten Personen in den wenigen vorhin kurz angesprochenen Erzählungen vorausgesetzt war. Angesichts der bei

---

3 Vgl. Bernhard Lang, Art. Alter (AT) [2007/2024], in: Michaela Bauks/Klaus Koenen (Hg.), WIBILEX, https://bibelwissenschaft.de/stichwort/13057/ (Zugriff am 31.5.2025).
4 Vgl. Lang, Alter.
5 Vgl. zu den folgenden Angaben: Wolff, Anthropologie, 178–179.

den Königen anzunehmenden guten Versorgung ist das schon bemerkenswert; es ist auch nicht davon auszugehen, dass die Könige alle im Krieg zu Tode gekommen wären, die meisten sind eines »natürlichen Todes« gestorben.

Da bei den Durchschnittsisraeliten sicher wesentlich unkomfortablere Lebensverhältnisse geherrscht haben als bei den Königen, dürfte das Sterbensalter im Durchschnitt der Gesamtbevölkerung eher niedriger gewesen sein.

Zum Vergleich hier einige Zahlen des 21. Jahrhunderts:[6]

- Nigeria (2023): 54,5 Jahre
- Monaco (2023): 86,4 Jahre
- Japan (2023): 84,7 Jahre
- Schweiz (2023): dort belief sich die Lebenserwartung bei der Geburt für einen Mann auf 82,2 Jahre und für eine Frau auf 85,8 Jahre.

Für die alttestamentliche Zeit insgesamt dürfte gelten, dass nur wenige Menschen in den Genuss des höheren Alters gekommen sind.[7] Lebensalter von 70 oder gar 80 Jahren werden als Ausnahme empfunden (Ps 90,10). Bei 60 Jahren scheint für die Menschen des AT eine Grenze zu liegen, wie Lev 27,2-7 zeigt:

> Lev 27,2 Rede mit den Israeliten und sprich zu ihnen: Wenn jemand dem HERRN ein Gelübde getan hat, das abgelöst werden soll, und es sich um einen Menschen handelt, 3 so soll das deine Schätzung sein: Einen Mann von zwanzig bis sechzig Jahren sollst du schätzen auf fünfzig Schekel Silber nach dem Gewicht des Heiligtums, 4 eine Frau auf dreißig Schekel Silber. 5 Von fünf Jahren bis zwanzig Jahren sollst du, wenn es ein Mann ist, schätzen auf zwanzig Schekel Silber, eine Frau aber auf zehn Schekel Silber. 6 Von einem Monat an bis auf fünf Jahre sollst du, wenn es ein Knabe ist, schätzen auf fünf Schekel Silber, ein Mädchen aber auf drei Schekel Silber. 7 Bei sechzig Jahren und darüber sollst du, wenn es ein Mann ist, schätzen auf fünfzehn Schekel Silber, eine Frau aber auf zehn Schekel Silber.

Tabelle 2: Übersicht der Angaben aus Lev 27,2-7.[8]

Alter	männlich	weiblich
im ersten Monat	–	–
1 Monat bis 5 Jahre	5 Schekel	3 Schekel
5–20 Jahre	20 Schekel	10 Schekel
20–60 Jahre	50 Schekel	30 Schekel
über 60 Jahre	15 Schekel	10 Schekel

---

6 Nach: https://de.statista.com/statistik/daten/studie/199603/umfrage/laender-mit-der-hoechsten-lebenserwartung-weltweit/ (Zugriff 31.5.2025).
7 Vgl. Lang, Alter.
8 Tabelle nach: Wolff, Anthropologie, 181. Vgl. dazu: Hans Peter Mathys, Zur Auslösung geweihter Menschen (Lev 27,1–8). Ein neuer Vorschlag, in: Jürgen van Oorschot/Andreas Wagner (Hg.), Biographie und Lebensalter. Zur materialen, soziologischen und theologischen Verfasstheit biografischer Bezüge, Leipzig 2023, 95–116.

Auch der archäologische Befund stützt die Annahmen von einem eher jüngeren Sterbealter. Die aus der Untersuchung von Knochen aus Gräbern stammenden Untersuchungen weisen ebenfalls auf eine niedrige Lebenserwartung: »Viele Menschen starben bereits im Alter von 35 Jahren, nur wenige erreichten das 50. Lebensjahr«.[9]

Fazit: Der soziologische Hintergrund der Texte des AT ist nicht eine alternde Gesellschaft, in der es mehr Alte als Junge gibt, sondern umgekehrt, eine eher junge Gesellschaft, in der nur wenige ein höheres Alter erreichen.

2.2 Vorstellungen von Gesundheit im AT

2.2.1 Der bisherige Diskussionsstand unter dem Oppositum »Gesundheit vs. Krankheit«[10]

Schauen wir in einem zweiten Gedankendurchgang auf Texte des AT, die das Thema »gesund« explizit zum Gegenstand haben. Das Hebräische bietet nicht die Möglichkeit, von *Gesundheit* als einem Abstraktum zu reden, weil sich kein Lexem dafür findet. Im biblischen Hebräischen gibt es insgesamt nur wenige Abstrakta. Da ist es kein Wunder, wenn wir kein Lexem haben, das als Äquivalent zu unserem Abstraktwort »Gesundheit« oder »health« o. ä. stehen kann. Wenn es aber kein Wort für »Gesundheit« gibt, redet das AT somit *explizit* nie von »Gesundheit«. Was wiederum nicht heißt, dass es zu Gesundheit gar keine Vorstellungen gibt, die dann aber eher *implizit* im Raum stehen.

Was wir im AT vor allem finden, sind Formulierungen mit רפא *rāpā*. Ich gebe zunächst einige Beispiele für den meist verbalen Gebrauch, um kurz die Semantik von *rāpā* zu beleuchten:

> 2. Kön 8,29: Da kehrte Joram, der König, zurück, um in Jesreel seine [körperlichen] Wunden »gesunden« zu lassen (לְהִתְרַפֵּא), die ihm die Aramäer in Rama geschlagen hatten, als er gegen Chasael, den König von Aram, kämpfte.
> Ez 34,4: Die Schwachen habt ihr nicht gestärkt, und was krank war, habt ihr nicht gesund gemacht (רִפֵּאתֶם), und was gebrochen war, habt ihr nicht verbunden [...].
> 2. Chr 16,12: Und im neununddreißigsten Jahr seiner Königsherrschaft wurde Asa krank an seinen Füßen, und seine Krankheit wurde schlimm, aber auch in seiner Krankheit suchte er nicht JHWH, sondern die »Gesundmachenden« (בָּרֹפְאִים).

---

9 Lang, Alter.
10 Klaus Seybold/Ullrich Müller, Krankheit und Heilung, Stuttgart 1978; Norbert Lohfink, »Ich bin Jahwe, dein Arzt« (Ex 15,26). Gott, Gesellschaft und menschliche Gesundheit in einer nachexilischen Pentateuchbearbeitung (Ex 15,25b.26), in: ders., Studien zum Pentateuch (SBAB 4), Stuttgart 1988, 91–155; Henrike Frey-Anthes, Art. Krankheit und Heilung (AT) [2007], in: Michaela Bauks/Klaus Koenen (Hg.), WIBILEX, https://bibelwissenschaft.de/stichwort/24036/ (Zugriff 31.5.2025); Stefan Beyerle, Krankheit und Gesundheit in der Bibel, in: Bibel heute 182 (2/2010) Gesundheit und Krankheit, 4–7; Johannes Schiller, Art. Gesundheit [2010], in: Michaela Bauks/Klaus Koenen (Hg.), WIBILEX, https://bibelwissenschaft.de/stichwort/19472/ (Zugriff 31.5.2025).

Sachen:

> Jer 19,11: [...] Ebenso werde ich dieses Volk zerbrechen und diese Stadt, wie man das Gefäß des Töpfers zerbricht, das man nicht mehr ganz machen kann (לְהֵרָפֵה). [...]

Möglicherweise liegt mit *ḥālam* in Jes 38,16 ein Beleg für ein verwandtes Verb zu *rāpā* vor, was dem Kontext nach *gesunden* im Sinne von *kräftigen* meint.

Würden wir von diesem Befund her einen alttestamentlichen Gesundheitsbegriff entwickeln, dann müssten wir wohl sagen:

- Gesundheit im AT wird nur thematisiert als Prozess des Gesund-Werdens (Verb!)
- es wird nicht geredet vom Gesund-Sein!
- der Denkweg ist immer das Gesundwerden vom Ausgangspunkt eines Gebrechens, einer Krankheit, manifester Schäden usw.
- gesund werden/»Gesundheit« wäre so vor allem Gegenbegriff zu Krankheit

Ich spare mir an dieser Stelle eine ausführliche Darstellung des Redens von Krankheit im AT;[11] es ist wesentlich vielfältiger als das Reden vom Gesundwerden; es gibt sogar Abstraktlexeme für Krankheit sowie eine Vielzahl von Wörtern für einzelnen Krankheiten; das explizite Reden von Krankheit ist quantitativ wesentlich umfänglicher als das von Gesundheit.

In ihrem Lexikonartikel über Krankheit im AT weist Henrike Frey-Anthes etwa hin auf:[12] Pest / Seuche; Pocken; Aussatz / Geschwür; Lähmung und Missbildung; Blindheit und Taubheit; Besessenheit / Epilepsie; Sonnenstich / Hitzschlag; Fieber; Schwindsucht; Mutterkornbrand; Parasiten; Wunde / Brüche; Altersschwäche; Krebs; Durchblutungsstörungen; Schlaganfall und Herzinfarkt; Frauenkrankheiten; Kinderkrankheiten; Männerkrankheiten – all das wird explizit in Texten des AT thematisiert. Dieser Bereich von Krankheit/Krankheiten wird in den meisten Arbeiten, die Gesundheit thematisieren, als Gegenbereich zu Gesundheit angeführt.[13]

Es ist ein altbekanntes hermeneutisches Faktum, dass die Wahrnehmung eines Phänomens auch dadurch bestimmt ist, was in der Vorerwartung (Vorurteil) als zum Phänomen gehörig gedacht wird.

Die Diskussion um Krankheit/Gesundheit innerhalb der alttestamentlichen Exegese ist sicher dadurch beeinflusst, dass im 20. Jahrhundert bis hin zum beginnenden 21. Jahrhundert eine Definition von Gesundheit die Köpfe bestimmt hat, die stark antagonistisch war: Krankheit vs. Gesundheit. Diese antagonistische Grundauffassung war keine Erfindung der Exegese, sondern geprägt von den Vorstellungen der Zeit. In der zweiten Hälfte des 20. Jahrhunderts war lange die WHO-Definition von 1946 leitend. Noch im Jahr 2010 bezieht sich Johannes Schiller genau auf

---

11 Vgl. hier die Literatur aus Anm. 10.
12 Vgl. Anm. 10.
13 Vgl. dazu auch: Bernd Janowski, Anthropologie des Alten Testaments. Grundfragen – Kontexte – Themenfelder, Tübingen ²2023, 183–188.

diese Definition der WHO von 1946 in seinem WIBILEX-Artikel zu »Gesundheit im AT«.[14] Schiller nimmt den Kern der Definition in seinen Artikel auf:

> »Gesundheit ist nach der Definition der Weltgesundheitsorganisation (WHO) der ›Zustand vollständigen körperlichen, geistigen und sozialen Wohlbefindens und nicht nur des Freiseins von Krankheit und Gebrechen‹. So verstanden hat der Begriff einen normativen wie auch utopischen Charakter.«[15]

Und Schiller belässt es bei diesen Hinweisen, viel länger als die Definition ist sein Artikel nicht. Schiller nimmt die Definition der WHO auf, um den Horizont über das Körperliche hinaus auf Geistiges und Soziales und auf den positiven Teil der Definition, das Wohlbefinden, zu weiten. Doch bleibt diese Definition im Gegenbild von *gesund* und *krank*, auch wenn die Erkenntnis wichtig ist, dass neben dem Feld der Körperlichkeit der Raum des Geistigen und Sozialen einbezogen wird.

Die neuere allgemeine Diskussion zum Gesundheitsbegriff hat sich nun aber stark von diesem Punkt der Definition von 1946 wegentwickelt und andere, weitere Definitionsvorschläge aufgenommen. Von dieser neueren Diskussion aus und in Verbindung mit neueren Forschungen zu Schöpfung und Anthropologie will ich nochmal neu auf die Gesundheitsfrage im AT schauen.

2.2.2 Gesundheit im AT von einem weiteren Gesundheitsbegriff aus gesehen, Innovation I: Der Blick auf den Menschen in der Welt der Priesterschrift (P) von Gen 1,1ff her gesehen, auf dem Weg zu *one health*

2.2.2.1 Grundgedanken des Schöpfungstextes in Gen 1,1–2,4a, die geschaffene Welt als Kontext einer »Gesundheitsdefinition«

Einer der Bausteine des Pentateuch ist die sog. Priesterschrift (P), die ihren grundlegenden Anfangstext in Gen 1,1–2,4a hat.[16] P eröffnet ihren eindrucksvollen Entwurf, der von der Schöpfung über die Fluterzählung, den Erzelterngeschichten, der Exoduserzählung bis zum Tod des Mose (Dtn 34) reicht, mit einem Schöpfungstext, der den Blick auf eine von Gott her geordnete Welt eröffnet. P kleidet ihn in das Schema einer Sieben-Tage-Woche, um den siebten Tag als Ruhetag (Sabbat) und die so gegliederte Woche (sechs Arbeitstage, ein Ruhetag) zeitliches Weltmodell hervorzuheben.

---

14 Immerhin gibt es überhaupt einen Artikel zu »Gesundheit« im WIBILEX. Die bis dahin gebräuchlichen Sachlexika zum AT wie das BHHW (1962) und das Reclam Bibellexikon (1978/1987) haben allesamt keinen Eintrag zu diesem Thema. In der RGG, Bd. 2, ³1958, fehlt das Stichwort »Gesundheit« ganz, in der RGG, Bd.3, ⁴2000, gibt es zwar das Stichwort »Gesundheit«, aber keinen Biblischen Artikelteil.
15 Schiller, Gesundheit.
16 Vgl. Jan-Christian Gertz, Das erste Buch Mose (Genesis). Die Urgeschichte Gen 1–11. (ATD 1), Göttingen ²2021.

2. Gesundheit im Alten Testament

Im Schöpfungstext von P bildet Gen 1,26–30 die Kernstelle für die »Gottebenbildlichkeit«, für die Beziehungen und Aufgaben der Menschen in der Welt, sie sei hier noch einmal im Wortlaut angeführt:[17]

> Gen 1,26–30
> 26 Dann sprach Gott (Elohim)
> Wir wollen (einen) ʾādām /eine Menschheit machen
> als etwas wie unser ṣælæm
> und entsprechend unserer dᵉmût.
> Und sie [die Menschen] sollen »treten auf/über« (= herrschen über)
> – die Fischbrut des Meeres
> – und die Vögel des Himmels
> – und das Vieh
> – und die ganze Erde
> – und alles Kriechgetier, das auf der Erde kriecht.
> 27 Und da schuf (brʾ) Gott (Elohim) den Menschen als etwas wie seinen ṣælæm,
> als etwas wie seinen ṣælæm hat er ihn erschaffen (brʾ),
> männlich und weiblich hat er sie (pl.) erschaffen.
> 28 Und Gott (Elohim) segnete sie
> und Gott (Elohim) sprach zu ihnen:
> Seid fruchtbar und werdet viele und füllt die Erde an
> und »bekommt unter eure Füße«/»tretet nieder« (= übt Macht aus über) und »tretet« auf/über (= herrscht über)
> – die Fischbrut des Meeres
> – und die Vögel des Himmels
> – und alles Lebendige, das auf der Erde wimmelt.
> 29 Und Gott sprach: Seht, ich gebe euch hiermit alles Kraut auf der ganzen Erde, das Samen trägt, und alle Bäume, an denen samentragende Früchte sind. Das wird eure Nahrung sein.
> 30 Und allen Wildtieren und allen Vögeln des Himmels und allen Kriechtieren auf der Erde, allem, was Lebensatem in sich hat, gebe ich alles grüne Kraut zur Nahrung. Und so geschah es.

Ich will die Aussagen von P hier ganz kurz in vier Punkten zusammenfassen:

(1) ʾādām ist im Hebräischen ein Kollektiv und von P hier ganz bewusst gewählt: geschaffen wird die Menschheit als Ganze, nicht ein einzelner Mensch oder ein Menschenpaar. Die Menschheit ist hinfort der Aktant in der Erzählung, die Menschheit mit allen ihren zugehörigen »Teilen« ist hier angesprochen, ohne Ausnahme einzelner Gruppen, Geschlechter, Hautfarben, Altersstufen, sozialen Schichtungen usw.[18] Es handelt sich hier um eine maximal inklusive Sichtweise!

---

17 Für 2.2 vgl. Andreas Wagner, Gottes Körper. Zur alttestamentlichen Vorstellung der Menschengestaltigkeit Gottes, Gütersloh 2010, 167–181; ders., Menschenverständnis und Gottesverständnis im Alten Testament, Neukirchen-Vluyn 2017 passim; ders., God's Body. The Anthropomorphic God in the Old Testament, London [u. a.] 2019, 145–157; ders., Göttliche Präsenz im menschlichen »Bild«? Implikationen der Ebenbildlichkeitsvorstellung der Priesterschrift, in: Georgiana Huian/Beatrice Wyss/Rainer Hirsch-Luipold (Hg.), Der Mensch als Bild des unergründlichen Gottes. Von der Theologie zur Anthropologie und zurück, Berlin 2023, 87–97, bes. Abschn. 2.
18 Vgl. Isabelle Noth/Andreas Wagner, Alttestamentliche Perspektiven auf das Seelenverständnis in der Seelsorge, in: WzM 75 (2023), 72–84, hier 81 f.

(2) Allen Teilen des Kollektivs wird grundsätzlich ṣælæm (Repräsentationsbild, das für die Stellvertretung »Gott durch die Menschheit« steht) und dᵉmuth (Ähnlichkeit, die Menschheit wird in großer Nähe zu Gott begriffen, ohne ihm gleich zu sein) zugesprochen; wenn wir das Begriffspaar ṣælæm und dᵉmût als »Ebenbildlichkeit« verstehen und mit Würde zusammenbringen, dann ist jedem Teil des ʾādām grundsätzlich, von der Schöpfung her, Würde zugesprochen.[19]

(3) Die Stellvertretungsaufgabe der Menschheit erinnert an Vorstellungen aus dem Alten Orient, bei denen der König die Stellvertretung der Götter ist. Der Gedanke der Stellvertretung ist hier im monotheistischen Rahmen von P auf die ganze Menschheit übertragen, viele sprechen daher von einem Vorgang der Royalisierung der Menschheit bei P.[20]

(4) Die Aufgabe in der Welt ist das stellvertretende *Herrschen* an der Stelle Gottes; Herrschaft ist als gute Herrschaft gemeint, die für das Wohlergehen des Ganzen zu sorgen hat, für die bestmögliche Wohlfahrt aller.[21]

2.2.2.2 Integrierte Schöpfung – Integrierte Gesundheit (one health) – ein erster Zusammenklang

Von entscheidender Bedeutung ist die Beziehungsgestaltung, die in den Aussagen von Gen 1,1–2,4a mit dem Kern Gen 1,26–30 formuliert ist. ʾādām wird in verschiedene Relationen gestellt:

Die von Gott geschaffene und geordnete äußere WELT ist als Lebensraum aller PFLANZEN, TIERE und MENSCHEN geschaffen; anders gesagt: Gott schafft zunächst die Lebensumwelt der späteren Lebewesen, dann die Pflanzen, dann die Tiere (bes. Gen 1,3–25), zuletzt den Menschen; der zusammenhängende Schöpfungsvorgang (Gen 1,1–2,4a) verweist dabei auf den inneren Zusammenhang der Schöpfungswerke (*Integration* der Schöpfungsteile).

Die Verbindung der Bereiche im Schöpfungstext wird »*integriert*« dargeboten, mit Vor- und Rückbezügen: Zuerst sind Umwelt und Pflanzen geschaffen, dann folgen Tiere und Menschen, dem Menschen sind die Pflanzen zur Nahrung gegeben, Menschen erhalten den Auftrag, das System zu pflegen, was nicht zuletzt voraussetzt, die *Zusammenhänge* zu kennen usw.

Wenn wir das eine *integrierte Sichtweise* nennen, die den Zusammenhang zwischen *Welt*, *Pflanzen*, *Tieren* und *Menschen* beschreibt, dann liegen wir sicher nicht verkehrt.[22]

---

19 Vgl. Andreas Wagner, Gottebenbildlichkeit im Kontext biblischer Anthropologie und ihre gegenwärtige Orientierungskraft, in: Herausforderung Mensch. Jahrbuch für Religionspädagogik 39 (2023), 48–60.
20 Vgl. Bernd Janowski, Biblischer Schöpfungsglaube. Religionsgeschichte – Theologie – Ethik, Tübingen 2023, 64–66.
21 Vgl. Andreas Wagner, Verkörpertes Herrschen. Zum Gebrauch von »treten«/»herrschen« in Gen 1,26–28, in: Gregor Etzelmüller/Annette Weissenrieder (Hg.), Verkörperung als Paradigma einer theologischen Anthropologie, (TBT 172) Berlin 2016, 127–141.
22 Bernd Janowski, Biblischer Schöpfungsglaube, 129–247 und *passim*.

2. Gesundheit im Alten Testament

Damit sind aber, sogar schon in den einzelnen Formulierungen, die Rahmenbedingungen des *one health*-Ansatzes getroffen (2021), der zunehmend die neuere Gesundheitsdebatte bestimmt[23]:

> One Health ist ein integrierter, vereinheitlichender Ansatz, der darauf abzielt, die Gesundheit von Menschen, Tieren und Ökosystemen nachhaltig in Balance zu halten und zu optimieren. Er erkennt an, dass die Gesundheit von Menschen, Haus- und Wildtieren, Pflanzen und der weiteren Umwelt (einschließlich der Ökosysteme) eng miteinander verbunden und voneinander abhängig sind.[24]

Die terminologisch-sachliche Nähe soll hier zunächst festgestellt, im Folgenden (2.2.3–2.2.4) noch weiter entfaltet, in 2.2.5 dann nochmals explizit aufgenommen werden. Dabei ist auch auf die Zielbestimmung der Verhältnisse und zur Lebensqualität der einzelnen relationierten Bereiche einzugehen.

2.2.2.3 Die integrierte Sichtweise von Gen 1,1ff bildet als wegweisende Aussage den Auftakt des biblischen Kanons

Tabelle 3:

Auftakt Gen 1,1ff.	Kanonteile Pentateuch	Geschichte	Prophetie	Psalmen, Weisheit u. a.
Der MENSCH als Gelenkstelle der Relationen zu WELT, PFLANZEN, TIEREN und zu GOTT	Wo findet der MENSCH seinen Platz in der WELT, neues Verhältnis MENSCH-TIER (Gen 9), welche Rolle spielt der bewahrende GOTT, wie drückt sich die Bewahrung in der Tora aus u. a. m.	Geschichtliche Erfahrungen und Kritik des schlecht ausgestalteten Verhältnisses MENSCH-MENSCH und MENSCH-GOTT (Rückblicke)	Geschichtliche Erfahrungen und Kritik des schlecht ausgestalteten Verhältnisses MENSCH-MENSCH und MENSCH-GOTT (vor- und Rückblicke)	Kommunikation MENSCH-GOTT, Lebensideale und Regeln für das Menschsein in MENSCH-MENSCH und MENSCH-GOTT-Beziehungen

---

23 Vgl. zum one health-Ansatz: Isabelle Noth, Von der Spitalseelsorge zur Gesundheitsseelsorge: Plädoyer für eine poimenische Fokusverlagerung im 21. Jahrhundert, in: dies./Thomas Wild/Sabina Ingold/Michael Roth (Hg.), Gesundheitsseelsorge in der Schweiz. Reformierte Perspektiven, Zürich 2025, 13–38, hier 32 f.

24 „*One Health is an integrated, unifying approach that aims to sustainably balance and optimize the health of people, animals and ecosystems. It recognizes the health of humans, domestic and wild animals, plants, and the wider environment (including ecosystems) are closely linked and inter-dependent.*" Thomas C. Mettenleiter/Wanda Markotter/Dominique F. Charron et al., The One Health High-Level Expert Panel (OHHLEP), in: One Health Outlook 5/18 (2023), https://doi.org/10.1186/s42522-023-00085-2. [Zugriff am 31.5.2025]

In der Werdegeschichte und der Struktur des alttestamentlichen Kanons bildet Gen 1,1ff einen »Auftakt«, der in keinem der nachfolgenden kanonischen Buchgruppen mehr in Frage gestellt wird.[25] Die im Auftakt vor Augen geführte Relationalität wird im AT nie in Frage gestellt, auf ihrer Grundlage werden in den einzelnen Texten, Büchern und Kanonteilen weitere Aussagen entfaltet.

Die Bedeutung von Gen 1,1ff für die Gesamtaussage des AT ist also nicht zu unterschätzen; nicht umsonst wurde dieser Text zu einem der berühmtesten und bekanntesten des Alten Testaments. In der linearen Komposition der späteren Kanontheologie bildet Gen 1,1ff. den Auftakt und bleibt in jeder Entwicklungsstufe des Kanons ein aussagebestimmendes Vorzeichen.

Das reicht hin bis zur gesamtbiblischen Struktur des christlichen Kanons, der zum AT das NT hinzufügt:

Tabelle 4:

AT					NT
Gen 1,1ff.	Pentateuch	Geschichte	Prophetie	Psalmen, Weisheit u. a.	schließt ab mit Offenbarung

Von einer gesamtbiblischen Schau her kann also durchaus gesagt werden, dass die in Gen 1,1ff. formulierte integrierte Sichtweise *tragend* für die biblisch-theologischen Anschauungen ist.

2.2.2.4 Auftrag zur Gestaltung der Relationen

Die Aussagen in Gen 1,1ff. stellen nun nicht einfach nur die Schöpfungsteile in einen Zusammenhang, sie formulieren auch noch einen Handlungsimpuls für ʾādām, also für die gesamte Menschheit: Der Text denkt das von der gottgegebenen Aufgabe an den Menschen her. Ziel des integralen Systems wäre – s. o. Abschn. 2.2.1 (4) –, die Beziehungen zur Welt, zu allem Geschaffenem, so zu leben und zu gestalten, dass die Wohlfahrt des Ganzen gefördert wird (Wohlbefinden optimieren). Um dies zu unterstreichen, bedient sich der Text des Herrschaftsbegriffes aus dem Bereich der Königsvorstellungen, nimmt einen positiven Herrschaftsbegriff auf. So ist die Aufgabenbestimmung also nach der Aussage von P und der Auffassung des Kanons von der Schöpfung her bestimmt, auch wenn sich in der nachfolgenden Gott-Mensch-Geschichte (s. die Inhalte der weiteren Kanonteile) auch anderes findet.[26]

---

25 Vgl. Sebastian Grätz, Kanonbildung, in: Walter Dietrich (Hg.): Die Welt der Hebräischen Bibel. Umfeld – Inhalte – Grundthemen, Stuttgart ²2021, 101–114.
26 Dem Denken von P ist ein gewisser Anthropozentrismus eigen (der Mensch als das letzte der Schöpfungswerke), das In-den-Vordergrund-treten des Menschen bei P geht aber nie so weit, dass das Ganze der Schöpfung oder seine weiteren Teile gefährdet sein dürfen.

Wir können also das oben eingeführt Schaubild nochmals erweitern durch die Markierung des Ziels:

Tabelle 5:

Ziel: Erhalt der und Sorgen für die Wohlfahrt des gesamten Systems durch den Menschen				
Der MENSCH als Gelenkstelle der Relationen zu WELT, PFLANZEN, TIEREN und zu GOTT	Wo findet der MENSCH seinen Platz in der WELT, neues Verhältnis MENSCH–TIER (Gen 9), welche Rolle spielt der bewahrende GOTT, wie drückt sich die Bewahrung in der Tora aus u. a. m.	Geschichtliche Erfahrungen und Kritik des schlecht ausgestalteten Verhältnisses MENSCH–MENSCH und MENSCH–GOTT (Rückblicke)	Geschichtliche Erfahrungen und Kritik des schlecht ausgestalteten Verhältnisses MENSCH–MENSCH und MENSCH–GOTT (vor- und Rückblicke)	Kommunikation NT MENSCH–GOTT, Lebensideale und Regeln für das Menschsein in MENSCH–MENSCH und MENSCH–GOTT-Beziehungen
Gen 1,1ff.	Pentateuch	Geschichte	Prophetie	Psalmen, Weisheit u. a.

2.2.2.5 Die biblisch-theologische Grundaussage von Gen 1,1ff. und die Gesundheitsdefinition »one health«

Gehen wir noch einmal auf die oben schon angeführte Definition zurück, finden sich nun nicht nur frappierende Ähnlichkeiten hinsichtlich der integrativen Sichtweise, sondern ebenso Gleichklänge in den Zielbestimmungen:

> One Health ist ein integrierter, vereinheitlichender Ansatz, der darauf abzielt, die Gesundheit von Menschen, Tieren und Ökosystemen nachhaltig in Balance zu halten und zu optimieren. Er erkennt an, dass die Gesundheit von Menschen, Haus- und Wildtieren, Pflanzen und der weiteren Umwelt (einschließlich der Ökosysteme) eng miteinander verbunden und voneinander abhängig ist.[27]

Wenn hier von »*nachhaltig in Balance zu halten*« und »*zu optimieren*« die Rede ist, sind das nur Konkretisierungen des biblischen positiven Herrschaftsgedankens aus Gen 1,1ff., der darauf aus ist, die beste Wohlfahrt für das System zu erreichen, indem nachhaltige Ausgleichs- und Optimierungsbemühungen gegenüber den Bereichen, die in Relation zueinanderstehen, vorgenommen werden. Der Nachhaltigkeitsaspekt für sich genommen ist zwar kein Bestandteil des alttestamentlichen Herrschaftsgedankens, ist aber inhaltlich im Sinne einer bleibend angezielten Wohlfahrt ohne weiteres anschließbar.

---

27 Vgl. Mettenleiter/Markotter/Charron et al., One Health.

Summa summarum: So gesehen wäre der Schöpfungsrahmen des AT dem *one health*-Ansatz sehr ähnlich; allerdings denkt P GOTT konstitutiv in das Geschehen ein![28]

2.2.2.6 Die Gesundheit des Menschen nach Gen 1,1ff. und *one health*, Hinweise für einen breiten Gesundheitsbegriff

Solange Menschen als Teil von Systemen leben, bleiben alle Gesundheitsfragen in dieses systemische Denken einbezogen. Es wäre ein leichtes, in der Kenntnis heutiger Erfahrungen Beispiele für die Abhängigkeit menschlicher Gesundheit und der Fürsorge für das Gesamtsystem zu finden, das Spektrum reicht von unmittelbaren Todesfällen und Verletzungen durch klimaänderungsbedingte Naturkatastrohen (Flut, Stürme etc.) bis zu Gesundheitsbeeinträchtigungen durch Auswirkungen bestimmter Umgangs- und Produktionsweisen bei Nahrungsmitteln. Die kontextuelle systemische Ebene von Gesundheit darf also nie ausser Acht gelassen werden, der Kontext reicht von globalen Systemen bis zu Systemen im individuellen Mikrokontext.

Menschen leben aber nicht nur als Teil von Systemen, sondern auch als Individuen. Mit einem Fokussieren des einzelnen Menschen kann ich das integrierte System der Schöpfung auch mit der individuellen Lebensperspektive verbinden. Im AT heißt das: Fokussiert auf den Menschen kann man als Ideal für den Menschen über den ganzen Kanon setzen, dass die Lebensmöglichkeit in dieser geschaffenen Welt dann maximal, am schönsten und am besten ausgenutzt ist, wenn der Mensch »alt und lebenssatt« stirbt, wenn möglich frei von Krankheit (Ex 23,25).[29]

Dieses Ideal hängt mit der in Abschn. 1 skizzierten gesellschaftlichen Prägung zusammen: In der Realität wurden Israeliten nur selten alt. Alter als Ausnahme ist daher selten und erstrebenswert.

In gewisser Weise holen wir hier den »Wohlbefindens-Begriff« der alten WHO-Definition von Gesundheit ein. Auch könnte die Zielbestimmung des integralen Systems mit der individuellen Perspektive zusammengebracht werden. Als wichtig bleibt hierbei festzuhalten, dass es nicht um eine systemische Perspektive einerseits (integrative Sichtweise) und eine individuelle Perspektive andererseits (alt und lebenssatt und ohne Krankheit) geht, sondern dass die individuelle Perspektive immer auch Bestandteil des Gesamtsystems ist; die integrativen Bezüge auch des einzelnen Menschen bleiben immer bestehen.

---

28 Nicht Teil der geschichtlichen Erfahrung der alttestamentlichen Zeit war die Erkenntnis, dass die Möglichkeit der globalen Lebensbeeinträchtigung der Pflanzen, Wasser und Landanteile in der Welt durch den Menschen besteht, das müssten wir in Fortschreibung des AT von heute aus gesehen aktualisierend hinzufügen.
29 Vgl. Wagner, Alt und Lebenssatt, 255–270.

Tabelle 6:

Ziel: Das individuelle Menschsein ausleben in Form von »alt und lebenssatt«, nach Ex 23,25 »ohne Krankheit«				
Der MENSCH als Gelenkstelle der Relationen zu WELT, PFLANZEN, TIEREN und zu GOTT	Wo findet der MENSCH seinen Platz in der WELT, neues Verhältnis MENSCH–TIER (Gen 9), welche Rolle spielt der bewahrende GOTT, wie drückt sich die Bewahrung in der Tora aus u. a. m.	Geschichtliche Erfahrungen und Kritik des schlecht ausgestalteten Verhältnisses MENSCH–MENSCH und MENSCH–GOTT (Rückblicke)	Geschichtliche Erfahrungen und Kritik des schlecht ausgestalteten Verhältnisses MENSCH–MENSCH und MENSCH–GOTT (vor- und Rückblicke)	Kommunikation NT MENSCH–GOTT, Lebensideale und Regeln für das Menschsein in MENSCH–MENSCH und MENSCH–GOTT-Beziehungen
Gen 1,1ff.	Pentateuch	Geschichte	Prophetie	Psalmen, Weisheit u. a.

2.2.3 Gesundheit im AT von einem weiteren Menschenbild aus gesehen, Innovation II: Aspekte des Menschseins im AT

Das Alte Testament kann noch in einer anderen Hinsicht helfen, einen neuen Blick auf das Gesundheitsdenken zu werfen. Oben wurde schon angesprochen, dass mit ʾādām ein Kollektivwort für den Menschen bzw. die Menschheit vorliegt. Über das ganze Alte Testament hinweg findet sich keine weitere Bestimmung, die den Menschen näherhin in einer Dichotomie (Körper / Geist o. ä.) oder Trichotomie fasst. Dem additiv / aspektiven Denken des AT entsprechend tritt der ganze Mensch immer unter verschiedenen Aspekten zutage[30] (s. u. Tabelle 7).

In jedem dieser Aspekte ist der ganze Mensch präsent. In den Texten des AT können diese Aspekte sehr unterschiedlich und zu ganz verschiedener Anzahl kombiniert werden. Es ergibt sich so ein sehr variables, in gewisser Weise offenes System, das völlig anders funktioniert als eine Dichotomie oder Trichotomie. Ein vorhandener Aspekt genügt, um von diesem Aspekt her das ganze Menschsein zu entfalten.[31]

---

30 Andreas Wagner, Der Aspektive-Begriff und seine Anwendung auf altorientalisch alttestamentliche Sachverhalte, in: Andreas Wagner/Jürgen van Oorschot/Lars Allolio-Näcke (Hg.), Archaeology of Mind in the Hebrew Bible / Archäologie alttestamentlichen Denkens, Berlin 2023, 149–184 (open access).

31 Vgl. Andreas Wagner, Menschenverständnis und Gottesverständnis im Alten Testament, Neukirchen-Vluyn 2017.

Tabelle 7:

Stellvertreterausdruck / anthropologischer Ausdruck		Übersetzung (mit Stellvertreterformulierung)	Beleganzahl (nach THAT)	der Mensch unter dem Aspekt von
pānîm Gesicht / Antlitz	1Kön 21,4	er (Ahab) legte sich auf sein Bett, wandte sein Antlitz ab (= er wandte sich ab) und wollte nicht Speise essen.	2127	... mimischer Kommunikationsfähigkeit / Zugewandtheit
yād Hand	Ri 7,2	meine Hand hat mir geholfen (= ich habe mir selbst geholfen, es stand in meiner Macht, mir zu helfen)	1618	... Handlungsmöglichkeit / Mächtigkeit
ʿayin Auge	Ps 54,9	mein Auge sieht meine Feinde (= ich sehe meine Feinde)	866	... (optisch-visueller) Erkenntnisfähigkeit / Kommunikationsfähigkeit
næpæš	Gen 12,13	und meine næpæš wird um deinetwillen am Leben bleiben (= ich werde um deinetwillen am Leben bleiben)	754	... Leben / Lebenswille/-kraft / Gier / Bedürftigkeit / Hals / Kehle
lēb Herz	Jer 12,3	Du, Jahwe Herr, kennst mich und siehst mich und prüfst mein Herz vor dir (prüfst mich)	601	... Erkenntnisfähigkeit / Rationalität
roʾš Kopf	Gen 49,26	die Segnungen deines Vaters [...] – mögen sie kommen auf das Haupt Josefs [...] (= mögen sie kommen auf Josef)	596	... »Personhaftigkeit [Individualität (?)]«
pæh Mund	Spr 15,2	der Weisen Zunge bringt gute Erkenntnis hervor; der Toren Mund sprudelt nur Narrheit (= die Toren sprudeln nur Narrheit)	500	... Sprache / Kommunikationsfähigkeit
ruᵃḥ Geist / Kraft	Ps 77,7	ich denke [und grüble] in der Nacht, ich sinne mit meinem Herzen und meine ruᵃḥ forscht (= ich forsche)	378	... Geist / Kraft / Vitalität
dām Blut	Ps 30,10	Was für einen Gewinn hat mein Blut (= habe ich) [für dich, Jahwe], wenn ich ins Grab hinabsteige?	360	... physischer Lebenskraft
bāśār »Fleisch«	Ps 119,120	es schaudert mein bāśār aus Furcht vor dir (= es schaudert mir aus Furcht vor dir)	270	... Körperlichkeit und Vergänglichkeit
ʾap Nase	Ez 38,18	wenn Gog kommen wird über das Land Israels, spricht Gott der Herr, wird mein Zorn in meiner Nase aufsteigen (= in mir aufsteigen)	277	... Wut / Ausdruckskraft / Kommunikationsfähigkeit

2. Gesundheit im Alten Testament

Stellvertreterausdruck / anthropologischer Ausdruck		Übersetzung (mit Stellvertreterformulierung)	Beleganzahl (nach THAT)	der Mensch unter dem Aspekt von
ræg̱æl Fuß	1Sam 23,22	geht nun und gebt weiter Acht, wisst und seht, an welchem Ort <u>sein Fuß</u> weilt (an welchem Ort er weilt) und wer ihn dort gesehen hat	247	... Macht / Präsenz
ʼozæn Ohr	Spr 18,15	ein verständiges Herz erwirbt Einsicht, und das <u>Ohr der Weisen</u> sucht Erkenntnis (= die Weisen suchen Erkenntnis)	187	... (akustischer) Erkenntnisfähigkeit / Kommunikationsfähigkeit
śāpāh Lippe(n)	Spr 15,7	die <u>Lippen des Weisen</u> breiten Einsicht aus (= der Weise breitet Einsicht aus)	176	... Sprache / Kommunikationsfähigkeit
zᵉrôaʻ Arm	Ez 30,21	ich habe <u>den Arm des Pharao</u>, des Königs von Ägypten, zerbrochen (= ich habe den Pharao vernichtet)	93	... Handlungsmöglichkeit / Mächtigkeit

In einem komplementären System entstehen dagegen sehr schnell »Defizite«, wenn im »System« Mensch ein Teil wegfällt. Dann ist das System gestört, und es stellen sich die Fragen nach der Störung, die im extremen Fall zur Feststellung führen können, dass es sich dann nicht mehr um das komplementär-funktionale System Mensch, will sagen nicht mehr um einen Menschen, handelt. Fällt der Aspekt des Geistes, der kognitiven Leistungsfähigkeit weg, dann stellt sich in einem strikt komplementären Denken die Frage, ob diesem »gestörten System« noch das komplette Menschsein zugesprochen werden kann. Die Terminologie von »Demenz« ist sogar in der Wortbildung unmittelbar von diesen Zusammenhängen geprägt.

Die wesentliche variablere Grundauffassung des AT könnte dazu verhelfen, immer (!) zu bedenken, dass es keine *vorgegebene* Zahl von Aspekten geben muss, die es erlauben, vom Menschsein zu sprechen. Im offenen System des AT kann durchaus der eine oder andere Aspekt ausfallen, ohne dass ein ʼādām seine Würde verliert (s. o. Abschn. 2.2.1). Einschränkungen bei dem einen oder anderen Aspekt fallen dann bei der Beurteilung von »Defiziten« viel weniger ins Gewicht. Entsprechend wäre »Gesundheit« des (einzelnen) Menschen sehr multifaktoriell zu sehen und ein Umgang auch bei Einschränkungen ohne Verlust der Würde zu suchen!

3. Gesundheit im Neuen Testament

Michael Tilly

3.1 Gesundheit als Normalität?

Die *World Health Organization* definierte Gesundheit bereits im Jahre 1948 wie folgt: »Gesundheit ist ein Zustand völligen psychischen, physischen und sozialen Wohlbefindens und nicht nur das Freisein von Krankheit und Gebrechen.«[1] Der amerikanische Soziologe Talcott Parsons wiederum beschrieb Gesundheit als Fähigkeit, soziale Beziehungen einzugehen »und die Erwartung solcher Zugehörigkeiten zu erfüllen.«[2] Beide Definitionen verbinden mit Gesundheit vor allem die Vorstellung eines idealen Vitalzustandes, sei es aus der Perspektive des Individuums, sei es aus der Perspektive der Gesellschaft. Beide Definitionen laufen darauf hinaus, das Dasein und die Würde einer Person von bestimmten Kriterien abhängig zu machen, nämlich »Wohlbefinden« und »Aufgabenerfüllung«. Die Nichterfüllung dieser Kriterien mündet in die Nichtanerkennung der Statusnormalität dieser Person. Der Gesunde fühlt sich wohl und erfüllt alle gesellschaftlichen Erwartungen; der Kranke oder Behinderte führt demgegenüber eine defizitäre Existenz.

Was es bedeutet, wenn die Normalität, der Status, die Würde oder das bloße Dasein einer Person von ihrer Gesundheit im Sinne der Erfüllung bestimmter Kompetenzkriterien wie zum Beispiel Handlungsfähigkeit, Rationalität oder Selbstbewusstsein abhängig gemacht wird, hat die jüngere Geschichte in eindrücklicher Weise gezeigt. Ich möchte vor diesem Hintergrund in meinem Beitrag danach fragen, was die frühchristlichen Autoren, die im Neuen Testament zu Wort kommen, mit dem Begriff »Gesundheit« und mit seinem Antonym »Krankheit« verbinden, in welchen lebensweltlichen, kulturellen und religiösen Kontexten diese Aussagen zu verstehen sind und welche Impulse sich hieraus für die gegenwärtige Diskussion, insbesondere im Kontext einer christlichen Gesundheitsseelsorge, ergeben.[3]

---

1 World Health Organization (WHO), Basic Documents, New York [15]2020: »Health is a state of complete physical, mental and social well-being and not merely the absence of disease or infirmity« (https://www.who.int/about/governance/constitution, Zugriff am 5.5.2025).

2 Talcott Parsons, Definition von Gesundheit und Krankheit im Lichte der Wertbegriffe und der sozialen Struktur Amerikas, in: Alexander Mitscherlich/Tobias Brocher/Otto von Mering/Klaus Horn (Hg.), Der Kranke in der modernen Gesellschaft (Taschenbücher Syndikat EVA 29), Frankfurt am Main 1984, 57–87, hier: 58.

3 Vgl. Isabelle Noth/Thomas Wild/Sabina Ingold/Michael Roth (Hg.), Gesundheitsseelsorge in der Schweiz: Reformierte Perspektiven, Zürich 2025.

Im zweiten Teil dieses Beitrags werden zunächst die wesentlichen anthropologischen Entwürfe im frühen Christentum und seiner biblisch-jüdischen und hellenistisch-römischen Umwelt skizziert und sodann die entsprechenden Wahrnehmungen von Krankheit und Krankenheilung erläutert. Im ausführlichen dritten Teil geraten Deutungen von Krankheit und Gesundheit im Neuen Testament anhand verschiedener Texte im Markusevangelium und in den paulinischen Briefen in den Blick. Das abschließende Fazit im vierten Teil enthält eine Zusammenfassung der wichtigsten Beobachtungen sowie Thesen hinsichtlich der Möglichkeiten und Grenzen einer Applikation der biblischen Aussagen in aktuellen medizinischen und seelsorglichen Kontexten.

3.2 Der gesunde und der kranke Mensch in der Antike

3.2.1 Gesundheit und antike Anthropologie

Jede Wahrnehmung von Gesundheit und Krankheit beruht auf einer bestimmten anthropologischen Konzeption, auf einem Menschenbild, mittels dessen Geburt, Wachstum, Leben, Identität, Verfall und Tod eines Menschen sinnstiftend gedeutet und beschrieben werden können. Die anthropologische Begrifflichkeit der jüdisch-biblischen Tradition weist auf ein ganzheitliches Verständnis des Menschen als physiopsychische Lebenseinheit hin.[4] Den biblischen und auch den frühjüdischen Quellen aus hellenistisch-römischer Zeit gilt der Mensch nicht als ein Kompositum, sondern zunächst als eine solche psychophysische Einheit.[5] Die hebräischen Begriffe בשר und נפש bezeichnen in den hebräischen heiligen Schriften jeweils differente Aspekte dieser Einheit, nämlich des ganzen Menschen, den Gott als leib-seelische Ganzheit geschaffen und ihm Lebenskraft gegeben hat.[6] Gott allein vermag über die menschliche Leiblichkeit zu verfügen.[7] Auch die Beendigung des menschlichen Lebens gilt somit allein als Gottes Recht. Weder wird in den älteren Strata der jüdischen Tradition die Leiblichkeit des Menschen in irgendeiner Weise abgewertet, noch existiert hier eine generelle Dichotomie, eine Trennung, zwischen dem menschlichen Leib und seinem Geist bzw. seiner Seele. Vielmehr gilt das lebendige Individuum hier als Ganzes, das von Gott geschaffen und belebt wurde. Wahres menschliches Leben ist somit nur *im* Leib und *in* der Gemeinschaft möglich. Diese

---

4 Vgl. Bernd Janowski, Konfliktgespräche mit Gott. Eine Anthropologie der Psalmen, Neukirchen-Vluyn ⁷2025; ders., Konstellative Anthropologie. Zum Begriff der Person im Alten Testament, in: ders. (Hg.), Der ganze Mensch. Zur Anthropologie der Antike und ihrer europäischen Nachgeschichte, Berlin 2012, 109–127; Otto Kaiser, Gott, Mensch und Geschichte. Studien zum Verständnis des Menschen und seiner Geschichte in der klassischen, biblischen und nachbiblischen Literatur (BZNW 413), Berlin/New York 2010.
5 Vgl. 2 Makk 7,37; 14,38; 15,30.
6 Vgl. Kaiser, Gott, 348.
7 Vgl. Gen 2,7f.; Wsh 2,23.

Ganzheit überdauert (ebenso wie die Bundestreue Gottes) schließlich auch den physischen Tod eines Menschen.[8]

Ganz anders stellt sich die anthropologische Begrifflichkeit der griechischen Tradition dar: In Platons Phaidon[9] fragt Sokrates: »Wann [...] kommt die Seele nun in Kontakt mit der Wahrheit?« und fährt sogleich fort: »[W]enn sie mit dem Leibe versucht, etwas zu betrachten, dann wird sie von diesem hintergangen«. Der platonische Sokrates folgert daraus: »[S]ie denkt offenbar am besten, wenn nichts von diesem [Leib] sie trübt, weder Gehör noch Gesicht noch Schmerz noch Lust, sondern sie am meisten ganz für sich ist, den Leib geh[e]n lä[ß]t und so[weit] irgend möglich ohne Gemeinschaft und Verkehr mit ihm dem Seienden nachgeht.« Gemäß dieser platonischen Beschreibung des Verhältnisses von Körper und Seele gilt der gesunde menschliche Organismus als ein selbstorganisiertes Lebewesen, zu dem eine zweite immaterielle Substanz, die »Seele« (mitsamt Selbstbewusstsein und Gewissen), als ein reines, göttliches Prinzip hinzukommt. Die kulturprägende Rezeption und Popularisierung der platonischen Philosophie führte in hellenistisch-römischer Zeit zu einer verbreiteten Wahrnehmung des menschlichen Körpers als Kompositum bzw. als dichotomisches Wesen, dessen materieller Leib als zeitlich begrenzte Form, als Gefäß oder als Wohnung der unsterblichen Seele dient; der Seele wiederum wurde eine belebende Funktion im Leib zugesprochen. Mit dieser Sichtweise verbunden war gerade im Denken der Stoiker und Kyniker eine Objektivierung – und zuweilen auch Abwertung – des menschlichen Leibes als Ursprung allen Übels und als Gefängnis der Seele, was ihrerseits zu einer Distanzierung der Person gegenüber dem eigenen Körper als Objekt führte.[10]

In der hellenistisch-römischen Welt war die stoische Überzeugung verbreitet, dass jede menschliche Emotionalität, jeder Affekt, jeder Trieb und jede Leidenschaft als ein Irrtum des Verstandes und als geradezu krankhafter Zustand zu betrachten sei. Dieser Zustand könne durch die vernunftgemäße Erkenntnis überwunden werden. Alles, was dem Menschen widerfahre, stehe in Übereinstimmung mit dem vorausschauenden Planen der Weltvernunft und sei deshalb grundsätzlich als sinnvoll und gut zu betrachten. Die zeitgenössische Konvention postulierte zugleich einen Zusammenhang zwischen einer gesunden, agilen und ästhetischen äußeren Erscheinung und einem guten Charakter.[11] Behinderte Menschen waren im antiken Rom häufig Gegenstand von Spott und literarischer Satire. Eine allgemein verbreite-

---

8 Vgl. Günter Stemberger, Der Leib der Auferstehung. Studien zur Anthropologie und Eschatologie des palästinischen Judentums im neutestamentlichen Zeitalter (AnBib 56), Rom 1972; David Kraemer, The Meanings of Death in Rabbinic Judaism, London, New York 2000.
9 Phaidon 65b-d. Vgl. für die Übersetzung Friedrich Schleiermacher, Platons Werke II 3, Berlin/Boston ³2019 (¹1861), 25; Theodor Ebert, Platon: Phaidon, Göttingen 2004.
10 Vgl. Giulia Sissa, Sex and Sensuality in the Ancient World, New Haven/London 2008, 188–191; Jan N. Bremmer, Die Karriere der Seele. Vom antiken Griechenland ins moderne Europa, in: Janowski (Hg.), Mensch, 173–198.
11 Vgl. Karl-Wilhelm Weeber, Alltag im Alten Rom, Zürich 1995, 48; Lars Aejmelaeus, Schwachheit als Waffe. Die Argumentation des Paulus im »Tränenbrief« (2 Kor 10–13) (SESJ 78), Göttingen 2000, 220.

te Ablehnung des Ungesunden und Unästhetischen und Unvollkommenen bedeutete für Kranke und Behinderte eine erhebliche Integrationsbarriere für ihre Teilhabe am gesellschaftlichen Leben. In der Politik der Kaiserzeit wurden körperliche Gebrechen des Gegners nicht selten zu seiner öffentlichen Diskreditierung instrumentalisiert.[12] Dale B. Martin betont hier zusammenfassend die »essential connection in ancient ideology between health and status.«[13]

Frühestens seit dem 4. Jahrhundert v. Chr. wurde das griechische dichotomische Menschenbild auch in großen Teilen des Judentums rezipiert.[14] Insbesondere die Hoffnung »apokalyptischer« Strömungen auf eine Auferweckung der Toten und postmortale Gerechtigkeit im Endgericht Gottes bewirkte angesichts der Martyriumserfahrungen der macht- und wehrlosen Gerechten während der Zeit der Seleukidenherrschaft[15] die Übernahme von Motiven der griechischen Anthropologie. Übernommen wurde insbesondere das dichotomische Bild vom Menschen als Kompositum aus stofflichem Leib und leibfreier, die Auflösung des Körpers überdauernder Seele. Diese Polarität von Leib und Seele wurde im nachbiblischen Judentum zum Bestandteil eines sich vertiefenden Traditionsstroms.[16]

Auch das frühe Christentum betrachtete den Menschen mehrheitlich als ein dualistisches Wesen. Die insbesondere im paulinischen Christentum begegnende Vorstellung einer »Auferstehung des Leibes« (vgl. 1 Kor 15,45–49) steht hierzu in keinem Widerspruch. Die christliche Übernahme und Umdeutung von Inhalten und Motiven der stoischen Popularphilosophie provozierte in den frühen Gemeinden nicht nur die Hoffnung auf eine ewige körperlose Existenz im kommenden Gottesreich, sondern auch eine Distanzierung von der eigenen Körperlichkeit als negativ konnotierter Teil der vergehenden, sündenbehafteten Schöpfung (vgl. 1 Kor 15,50–52). Auch im aufgeklärten Christentum der Neuzeit lässt sich dieser anthropologische Dualismus noch überall dort erkennen, wo der gesunde Körper nach dem Modell einer störungsfrei funktionierenden komplexen Maschine betrachtet und alle krankhaften Veränderungen auf materiell fassbare Funktionsstörungen zurückgeführt werden.[17]

---

12 Vgl. z. B. Seneca, Apocolocyntosis 5,3.
13 Dale B. Martin, The Corinthian Body, New Haven/London 1995, 168.
14 Vgl. Stemberger, Leib, 116; ders., Zur Auferstehungslehre in der rabbinischen Literatur, in: ders., Studien zum rabbinischen Judentum (SBA 10), Stuttgart 1990, 47–88; Hubert Frankemölle, Frühjudentum und Urchristentum. Vorgeschichte – Verlauf – Auswirkungen (4. Jahrhundert v. Chr. bis 4. Jahrhundert n. Chr.), Stuttgart 2006, 215 f.; Matthias Morgenstern, Der ganze Mensch der Tora. Zur Anthropologie des rabbinischen Judentums, in: Janowski (Hg.), Mensch, 235–267.
15 Vgl. 2 Makk 7,9–14 und hierzu Michael Tilly, Apokalyptik (UTB Profile 3651), Tübingen/Basel 2012, 39–44.
16 Vgl. 2 Makk 6,30; Wsh 3,1.13; 4,14; 8,19 f.
17 Vgl. Wolfgang Schoberth, Einführung in die theologische Anthropologie, Darmstadt ²2019, 133–135.

3.2.2 Gesundheit und Krankheit

Gefährdungen der menschlichen Gesundheit gehörten zum Alltag der Menschen im antiken östlichen Mittelmeerraum.[18] Zahlreiche akute und chronische Erkrankungen standen in Zusammenhang mit unzureichender Ernährung und mangelnder Hygiene.[19] Die Sterblichkeitsrate war hoch. Viele Kinder starben bereits kurz nach ihrer Geburt; die durchschnittliche Lebenserwartung lag zwischen 30 und 35 Jahren. In den antiken Quellen begegnen als verbreitete Krankheiten sowohl Parasitenbefall (z. B. Kopfläuse, Darmparasiten, Trichinen)[20] als auch Infektionskrankheiten (Sepsis) und Epidemien (z. B. Malaria, Tuberkulose, Pocken).[21] Neben Verwundungen und inneren Krankheiten begegnen angeborene und infektions- bzw. verletzungsbedingte Behinderungen wie Blindheit, Taubheit, Lähmungen und Missbildungen sowie zerebrale Defekte (z. B. Epilepsie)[22] und psychische Erkrankungen (z. B. Schizophrenie).[23] Aufgrund des generellen Fehlens krankenhausähnlicher Institutionen oblag die Versorgung und Pflege von Kranken grundsätzlich ihrer Familie.[24]

Die diagnostischen und therapeutischen Wahrnehmungen und Deutungen von Gesundheit, Krankheit, körperlichem Leiden und Verfall im frühen Christentum sind zum einen im Rahmen eines mythischen Weltbildes zu erklären und stehen zum anderen im Zusammenhang mit kulturell unterschiedlichen Begegnungen von biblisch-israelitischen und griechisch-römischen Traditionen und Konzepten. Über die einfache Rationalität der auf konkreten Erfahrungen beruhenden Volksmedizin hinaus existierten nur geringe Kenntnisse der anatomischen Beschaffenheit des menschlichen Körpers und seiner physiologischen Vorgänge. Zudem ist zu berücksichtigen, dass das Erzählinteresse der antiken Quellen, welche Krankheitsursachen und -phänomene häufig in typisierter und konstruierter Weise darstellen, zumeist nicht in deren sachgemäßer Beschreibung lag. Es ist deshalb zu beachten, dass eine vorschnelle Verknüpfung von antiken Textaussagen und modernen medizinischen Erkenntnissen häufig in die Irre führt.

---

18 Vgl. Stavors Yannopoulos/Asimina Kaiafa-Saropoulou, Hygiene Technologies, Water, and Health in the Hellenic World, in: Umar Bacha/Urška Rozman/Sonja Šostar Turk (Hg.), Healthcare Access – Regional Overviews, (doi: 10.5772/intechopen.90144; Zugriff am 23.4.2025); Kristi Upson-Saia/Heidi Marx/Jared Secord, Medicine, Health, and Healing in the Ancient Mediterranean (500 BCE – 600 CE). A Sourcebook, Oakland 2023.
19 Vgl. Sherry C. Fox, Health in Hellenistic and Roman Times. The Case Study of Paphos, Cyprus and Corinth, Greece, in: Helen King (Hg.), Health in Antiquity, London 2005, 59–82.
20 Vgl. Demetrios Michaelides, Medicine and Healing in the Ancient Mediterranean World, Oxford 2014, 5.
21 Vgl. Michaelides, Medicine, 87, 115 und 336.
22 Vgl. Christian Laes, Disabilities and the Disabled in the Roman World. A Social and Cultural History, Cambridge 2018, 71 f.
23 Vgl. William Harris (Hg.), Mental Disorders in the Classical World (Columbia Studies in the Classical Tradition 38), Leiden/Boston 2013; Katie Evans/John Mc Grath/Robert Milns, Searching for Schizophrenia in Ancient Greek and Roman Literature: A Systematic Review, in: Acta Psychiatrica Scandinavica 107 (2003–5), 232–330.
24 Vgl. Laes, Disabilities, 48.

Das antike Judentum während der hellenistisch-römischen Epoche betrachtete Gesundheit und Krankheit (wie jeden Aspekt der Realität) als Ausdruck des persönlichen Gotteswillens.[25] Heil und Heilung wurden dabei in eine enge Beziehung gesetzt. In der Tradition der jüdischen Heiligen Schriften und der in ihnen tradierten Vorstellung vom »Heilungsmonopol« des Gottes Israels zog der Kranke deshalb prinzipiell religiöse Motive zur Deutung seiner Leidenssituation heran. Abwesenheit von Krankheit galt als Ausdruck von Heil und Segen; das Eintreten einer Erkrankung wurde indes als Folge eines mangelnden Beziehungsgleichgewichts zwischen Mensch und Gott gedeutet und als Strafe für persönliche sündhafte Verfehlungen, als Vergeltung einer Kollektivschuld oder als pädagogisch wirksames Leiden betrachtet. Dementsprechend waren die Folgen seiner Erkrankung für das Mitglied einer jüdischen Gemeinschaft nicht nur individueller und somatischer Natur, sondern betrafen auch seine Sozialbeziehungen und seine Partizipation an religiös-kultischen Vollzügen.[26]

Der Einfluss des Hellenismus auf das antike Judentum[27] bedeutete auch die partielle Rezeption der »rationalen« griechisch-römischen Heilkunde, die in induktiver Weise nach den Ursachen aller Erkrankungen in der natürlichen Welt suchte und Gesundheit vor allem mit einer bestimmten Lebensführung (δίαιτα) mit passenden natürlichen und menschlichen Heilmitteln, mit einem strukturierten Umgang mit dem Körper sowie mit einem Gleichgewicht zwischen Leib und Seele (*mens sana in corpore sano*) assoziierte. Sowohl jüdische (vgl. TestHiob 38,8; Philo sacr. 70) als auch frühchristliche Texte (vgl. Joh 9,1–7 sowie die inhaltliche Korrektur von Mk 9,23–29 in Lk 9,42) bezeugen das Spannungsfeld von religiöser (bzw. magisch-mantischer) Heiltradition und rationaler (bzw. induktiv-empirischer) Medizin.

Generell wird die menschliche Gesundheit gemäß vorchristlichem antikem Denken durch zwei Faktoren bedroht, nämlich 1. durch Schwächung bzw. Kraftlosigkeit des Organismus aufgrund natürlichen Verfalls oder eines gestörten Gottesverhältnisses und 2. durch Schädigung aufgrund des malignen Wirkens dämonischer Mächte.

Zu 1: Der griechische Terminus σθένος[28] bedeutet in der Septuaginta und in hellenistisch-jüdischen Texten »*Gesundheit*« im Sinne von »*Macht*«, »*Stärke*« und »*Leistungsfähigkeit*«. Sein mit einem α privativum gebildetes Antonym ἀσθένεια[29] steht dementsprechend für »*Krankheit*« im Sinne von »*Kraftlosigkeit*«, »*Schwäche*«, »*Unvermögen*« und »*Behinderung*«. Die ἀσθένεια realisiert sich stets in zwei Dimen-

---

25 Vgl. Michael D. Fiorello, The Physically Disabled in Ancient Israel According to the Old Testament and Ancient Near Eastern Sources, Milton Keynes 2014.
26 Vgl. Michael Tilly, Lebensbeginn und Lebensende im Judentum und im Christentum, in: Genossenschaft Rheinland-Pfalz-Saar des Johanniterordens (Hg.), 26. Rittertag, Worms 2010, 31–44, hier: 36.
27 Vgl. Martin Hengel, Judentum und Hellenismus. Studien zu ihrer Begegnung unter besonderer Berücksichtigung Palästinas bis zur Mitte des 2. Jh. v. Chr., Tübingen ³1988.
28 Vgl. Franco Montanari, σθένος, in: ders., The Brill Dictionary of Ancient Greek, Leiden/Boston ³2013, 1911.
29 Vgl. Montanari, ἀσθένεια, 315.

sionen, nämlich (auf biologisch-medizinischer Ebene) hinsichtlich der körperlichen Verfassung und (auf sozialer Ebene) hinsichtlich der Teilhabe an gesellschaftlichen – und auch religiösen – Vollzügen.[30]

Zu 2: Für dämonische Mächte werden in der Evangelienüberlieferung unterschiedliche Bezeichnungen verwendet: neben δαίμων begegnet auch πνεῦμα ἀκάρθον (»*unreiner Geist*«) und πνεῦμα πονηρόν (»*böser Geist*«). Die Furcht vor diesen Dämonen spiegelt sich in dem Summarium Lk 11,24–26par. wider:

> »Wenn der unreine Geist von einem Menschen ausgefahren ist, so durchstreift er dürre Stätten, sucht Ruhe und findet sie nicht; dann spricht er: Ich will wieder zurückkehren in mein Haus, aus dem ich fortgegangen bin. Und wenn er kommt, so findet er's gekehrt und geschmückt. Dann geht er hin und nimmt sieben andre Geister mit sich, die böser sind als er selbst; und wenn sie hineinkommen, wohnen sie dort, und es wird mit diesem Menschen am Ende ärger als zuvor.«

Selbst der bereits ausgetriebene Dämon bleibt eine latente Bedrohung; mehr noch, er lauert rachsüchtig auf seine Chance, wieder in den gesunden Menschen hineinzufahren und ihm zu schaden, seine Gesundheit, seine Sozialität, seine Reinheit zu zerstören. Als dämonengewirkt und daher als exorzistisch zu heilen galten vor allem Stummheit (Mt 9,32 f.), Blindheit (Mk 10,46–52), Lähmung (Mk 2,1–12), Aussatz (Mk 1,40–45) und Fieber (Mk 1,29–31).[31]

In beiden Fällen wurde der kranke Mensch in kultischen und gesellschaftlichen Belangen auf diesen einen Aspekt seiner Existenz reduziert; in beiden Fällen wurde seine »*un-gesunde*« einschränkende körperliche oder seelisch-geistige Abweichung von der geltenden und konventionell vereinbarten Normalität mit der Be- und Verhinderung von Teilhabe am Gemeinschaftsleben sanktioniert (vgl. Mk 9,43–48). Dies führte letztendlich auch dazu, dass ein traditionelles jüdisches und frühchristliches Hoffnungsgut in der endzeitlichen Heilung aller Kranken und Behinderten gerade durch ihre anpassende Normalisierung bestand (vgl. Jes 29,18; 35,5 f.; 4Q521,8).

Die Wahrnehmung der Krankheit als mangelnder Lebenskraft und ein damit einhergehendes prozessual-dynamisches Todesverständnis prägten schließlich auch die Wahrnehmung von schweren Erkrankungen und körperlichen Verfallsprozessen, die mit dem hohen Alter verbunden sind (vgl. Ps 88,4–7; Koh 12,1–7). Der Kranke selbst passte sich diesem Modell mittels sühnender, reinigender, ergebener oder aufbegehrender Verhaltensweisen an. Auch der Arzt (vgl. Sir 38,1–15), dessen Handeln und Heilerfolg als gottgewollt betrachtet wurden (vgl. 1 Hen 7,1; 8,3),

---

[30] Vgl. Michael Tilly, Behinderung als Thema des paulinischen Denkens, in: Wolfgang Grünstäudl/Markus Schiefer Ferrari (Hg.), Gestörte Lektüre. Disability als hermeneutische Leitkategorie biblischer Exegese (Behinderung – Theologie – Kirche 4), Stuttgart 2012, 64–80, hier: 67 f.

[31] Vgl. Wendy Cotter, Miracles in Greco-Roman Antiquity: A Sourcebook for the Study of New Testament Miracle Stories, London/New York 1999; Zorodzai Dube (Hg.), Healer. Reception of Jesus as Healer during Early Christianity and Today (HTS Religion & Society Series 9), Kapstadt 2020.

begründete seinen Heilplan zur Wiederherstellung der Gesundheit in entsprechender Weise als Vermittlung, Entsühnung, Reinigung oder Ausgleich (vgl. Tob 8,2f.; 11,7–14).

3.3 Deutungen von Krankheit und Gesundheit im Neuen Testament

3.3.1 Definitionen und Deutungen

Die griechische Tradition hat den Bereich »Gesundheit« mit den Begriffen ὑγιής (»gesund«), ὑγιαίνω (»gesund sein«) und ὑγίεια (»Gesundheit«) erschlossen. Das Adjektiv ὑγιής kommt im Neuen Testament elfmal vor, neunmal davon im Zusammenhang mit erfolgten Krankenheilungen Jesu aus Nazareth.[32] In Apg 4,10 dient es der Identifikation des Auferstandenen; in Tit 2,8 ist die Rede vom »gesunden Wort«. Das Verb ὑγιαίνω begegnet an zwölf Stellen. Nur vier davon[33] beziehen sich auf menschliche Gesundheit; an acht Stellen[34] geht es in übertragenem Sinn um »gesunde Lehre«. Das in der Septuaginta mehrfach bezeugte Substantiv ὑγίεια wird im Neuen Testament an keiner Stelle verwendet.

Für Heilungen werden im Neuen Testament die griechischen Begriffe θεραπεία (Lk 9,11; Apk 22,2), ἴασις (Lk 13,32; Apg 22,30) und ἴαμα (1 Kor 12,9.28.30) verwendet. Zur Bezeichnung von Krankenheilungen und Exorzismen Jesu aus Nazareth begegnet zudem der Terminus δύναμις (»Kraft«) im Sinne einer heilenden Übertragung der Kraft Gottes mittels heilenden Wortes, heilender Berührung oder Einsatz eines Heilmittels.[35]

Beschreibungen solcher Exorzismen und Heilungen gehören ebenso wie Geschichten von Rettungswundern und Naturwundern zur literarischen Gattung der Wundererzählungen. Als »Wunder« wird ein Geschehen bezeichnet, das sich durch seine Ungewöhnlichkeit, seine Außerordentlichkeit und auch durch seine Unerklärbarkeit auszeichnet. Ein Wunder scheint dann vorzuliegen, wenn ein Vorgang naturwissenschaftlich nicht erklärbar ist; wenn er also, wenigstens nach dem aktuellen Wissensstand, mit der naturgesetzlichen Ordnung nicht übereinstimmt.

Die Heilungen und Exorzismen Jesu in ihrer jetzigen Gestalt sind zwar vom Glauben der nachösterlichen Gemeinden geprägt, sie gehören aber zum Grundbestand der vorösterlichen Jesustradition. In seiner vielbeachteten Studie »Urchristliche Wundergeschichten«[36] kommt der Heidelberger Neutestamentler Gerd Theissen zu dem Schluss, dass gerade die Heilungswunder und Exorzismen Jesu keine späteren

---

32 Mk 5,34; Mt 12,13; 15,31; Joh 5,6.9.11.14f.; 7,23.
33 Lk 5,31; 7,10; 15,27; 3 Joh 1,2.
34 1 Tim 1,10; 6,3; 2 Tim 1,13; 4,3; Tit 1,9.13; 2,1f.
35 Z. B. Mk 6,2.5.14; Mt 14,2; Lk 4,36; 5,17.
36 Vgl. Gerd Theissen, Urchristliche Wundergeschichten. Ein Beitrag zur formgeschichtlichen Erforschung der synoptischen Evangelien, Gütersloh 1974.

Gemeindebildungen, keine Rückprojektionen jüngerer Inhalte und Motive in das Leben Jesu seien, sondern einen hohen Plausibilitätsgrad beanspruchen können. Es ist gerade ihre breite synoptische Bezeugung in unterschiedlichen Traditionsschichten (Erzählüberlieferung *und* Wortüberlieferung), die ihre Historizität als wahrscheinlich erscheinen lässt. Jesus aus Nazareth teilte das dämonologische Weltbild des antiken Judentums, und er partizipierte auch an diesbezüglichen Vorstellungen der hellenistisch-römischen Welt.

Die Exorzismusheilungen im Neuen Testament sind Veranschaulichungen frühchristlicher Glaubensinhalte.[37] Diese Veranschaulichungen sind ebenso wie das gesamte »übernatürliche« Bildrepertoire der antiken jüdischen und frühchristlichen Literatur abhängig von den konventionellen kulturellen und religiösen Traditionen ihrer Zeit. Sie sind stets geprägt von populären Vorstellungen, Motiven und Bildern, auch wenn diese traditionsgeschichtlichen Hintergründe den Autoren und Adressaten der neutestamentlichen Schriften sicher nicht immer bewusst waren. Neben solchen Traditionen, die als Bestandteile der umfassenden »kulturellen Enzyklopädie« ihrer Verfasser gelten können, spiegeln sich in den Exorzismusschilderungen als literarisch vermittelte Imaginationen des Schreckens und der Hoffnung aber auch individuelle Lebenserfahrungen wider.

3.3.2 Jesus aus Nazareth als Heiler und Exorzist

Im antiken Judentum zur Zeit Jesu und der ersten Christen war Dämonenglaube weit verbreitet.[38] Der jüdische Schriftsteller Flavius Josephus berichtet in *Antiquitates Iudaicae* 8,45–49 ganz selbstverständlich von den Dämonenbeschwörungen seines Zeitgenossen Eleazar, die er als Beispiel für die exorzistischen Praktiken im palästinischen Judentum aufführt. Der literarische Rahmen des Abschnitts ist die Präsentation der Weisheit König Salomos:

> »Gott lehrte ihn [Solomon, M. T.] auch die Kunst, böse Geister zum Nutzen und Heile der Menschen zu bannen. Er verfasste nämlich Sprüche zur Heilung von Krankheiten und Beschwörungsformeln, mit deren Hilfe man die Geister also bändigen und vertreiben kann, dass sie nie mehr zurückkehren. Diese Heilkunst gilt auch jetzt noch viel bei uns. Ich habe zum Beispiel gesehen, wie einer der Unseren, Eleazar mit Namen, in Gegenwart des Vespasianus, seiner Söhne, der Obersten und der übrigen Krieger, die von bösen Geistern Besessenen davon befreite. Die Heilung geschah in folgender Weise: Er hielt unter die Nase des Besessenen einen Ring, in dem eine von den Wurzeln eingeschlossen war, welche Solomon angegeben hatte, ließ den Kranken daran riechen und zog so den bösen Geist durch die Nase heraus. Der Besessene fiel sogleich zusammen, und Eleazar beschwor dann den Geist, indem er den Namen Solomons und die von ihm verfassten Sprüche hersagte, nie mehr in den Menschen zurückzukehren. Um aber den Anwesenden zu beweisen, dass er wirklich solche Gewalt besitze, stellte Eleazar nicht weit davon einen mit Wasser gefüllten Becher oder ein Becken auf

---

37 Vgl. Otto Böcher, Christus Exorcista. Dämonismus und Taufe im Neuen Testament (BWANT 96), Stuttgart u. a. 1972, 166–170.
38 Vgl. Otto Böcher, Dämonenfurcht und Dämonenabwehr. Ein Beitrag zur Vorgeschichte der christlichen Taufe (BWANT 90), Stuttgart u. a. 1970.

und befahl dem bösen Geist, beim Ausfahren aus dem Menschen dieses umzusto[ß]en und so die Zuschauer davon zu überzeugen, dass er den Menschen verlassen habe. Das geschah auch in der [T]at, und so wurden Solomons Weisheit und Einsicht kund.«[39]

Gerade die Bemerkung des Josephus, dass »*diese Heilkunst auch jetzt noch viel bei uns gelte*«, bezeugt ein besonderes zeitgenössisches Interesse an charismatischen Wunderheilern. Der böse Geist, der als parasitärer Hausbesetzer die Kontrolle über den besessenen Menschen übernommen hat, gleichsam seine »Schaltzentrale« besetzt hält, wird durch den Exorzisten Eleazar durch die Nase des Besessenen herausgezogen, indem der Dämonenbändiger eine in einen Ring eingeschlossene Wurzel unter dessen Nase hält, an der der Besessene zu riechen hat, um wieder gesund zu werden. Die Nase gilt wie sämtliche anderen Körperöffnungen traditionell als Zugangsort der Dämonen in den menschlichen Körper. Apotropäischen, d. h. vorbeugenden Schutz versprach hier insbesondere die Befestigung von Ringen aus Metall an der betreffenden gefährdeten Körperstelle. Solche Ringe sollten den Dämonen den Weg in den Körper versperren; heutiger Körperschmuck (wie Ringe und Piercings) hat hier seinen Ursprung.

Die Exorzismen Jesu unterscheiden sich von solchen jüdischen Dämonenaustreibungen. Diese wurden meist von magischen Ritualen begleitet, wie die Exorzismusschilderung des Flavius Josephus deutlich gezeigt hat. Von solchen mantischen Praktiken findet sich in der Exorzismusüberlieferung Jesu keine Spur. Hier ist es Gott allein, welcher die Macht der Dämonen brechen kann und brechen wird. Die Exorzismen Jesu wurden von den Menschen um Jesus zusammen mit seinen Wunderheilungen als Zeichen des unaufhaltsam anbrechenden Reiches Gottes wahrgenommen. Beispielsweise werden vom lukanischen Jesus in Lk 11,20 gelungene Dämonenaustreibungen als empirischer Beleg für die gegenwärtige Gottesherrschaft als universaler Machtwechsel interpretiert: »*Wenn ich aber durch den Finger Gottes die Dämonen austreibe, so ist ja das Reich Gottes zu euch gekommen.*«[40] Was genau die βασιλεία τοῦ θεοῦ, die »*Gottesherrschaft*«, als umfassender und zentraler Heilsbegriff bedeutet, wurde nirgendwo in der Wortverkündigung Jesu explizit erklärt. Sie realisierte sich jedoch in eindrücklicher Weise in seinen öffentlichen Taten. Gerade die in den Evangelien als zentrale Aspekte seines Wirkens dargestellten Krankenheilungen und Exorzismen konnten im zeitgenössischen palästinischen Judentum durchaus als endzeitliche Begabungen bzw. als sichtbare Zeichen der bereits im Anbruch befindlichen Gottesherrschaft verstanden werden, wie sie die (auf Christus hin gelesenen) Propheten Israels ankündigten. So beschreibt Jesaja (29,17–19) die erhoffte Heilszeit für Israel:

»Nur noch kurze Zeit, dann verwandelt sich der Libanon in einen Garten, und der Garten wird zu einem Wald. An jenem Tag hören alle, die taub sind, sogar Worte, die nur geschrieben sind, und die Augen der Blinden sehen selbst im Dunkeln und Finstern. Die Erniedrigten freuen sich wieder über den Herrn, und die Armen jubeln über den Heiligen Israels.«

---

39 Zur Übersetzung vgl. Heinrich Clementz, Des Flavius Josephus Jüdische Altertümer, Wiesbaden [7]2024, 364.
40 Vgl. Mt 12,28.

3. Gesundheit im Neuen Testament

Das Markusevangelium lässt das öffentliche Auftreten Jesu mit einem Exorzismus beginnen (Mk 1,23–26):

»Und alsbald war in ihrer Synagoge ein Mensch, besessen von einem unreinen Geist; der schrie: Was willst du von uns, Jesus von Nazareth? Du bist gekommen, uns zu vernichten. Ich weiß, wer du bist: der Heilige Gottes! Und Jesus bedrohte ihn und sprach: Verstumme und fahre aus von ihm! Und der unreine Geist riss ihn und schrie laut und fuhr aus von ihm.«

Wie hier spielt die Konfrontation, die zwischen dem Wundertäter und dem Dämon ausgetragen wird, bei den Exorzismen Jesu generell eine große Rolle. Der Besessene wird als ein Mensch dargestellt, der seine Gesundheit und sein Subjektsein, sein »Ich«, an den Dämon verloren hat. Dieser Dämon, der den Menschen besetzt hält und sich zur Wehr setzt, wird erst durch das machtvolle gebietende Wort ausgetrieben. Seine zerstörerische Macht (»*der unreine Geist riss ihn*«) wird gerade beim Verlassen des besessenen Menschen augenfällig. Wir können uns einen solchen Exorzismus als ein Kräftespiel auf zwei Ebenen vorstellen: Auf der sichtbaren Ebene begegnen sich der Exorzist und der kranke Mensch; auf der unsichtbaren Ebene begegnen sich Gott und der Dämon. Die eigentliche Kommunikation findet zwischen dem Exorzisten und dem Dämon statt. Um den Kranken zu heilen, ruft der Exorzist eine Macht zu Hilfe, vor der der Dämon sich fürchtet und flieht.[41]

Besonders deutlich wird der umfassende, mehrdimensionale Begriff dessen, was die Jesusüberlieferung unter »Gesundheit« versteht, an der Erzählung vom Exorzismus Jesu an dem Besessenen von Gerasa (Mk 5,1–20parr.):

»Und sie kamen ans andre Ufer des Sees in die Gegend der Gerasener. Und als er aus dem Boot trat, lief ihm alsbald von den Gräbern her ein Mensch entgegen mit einem unreinen Geist, der hatte seine Wohnung in den Grabhöhlen. Und niemand konnte ihn mehr binden, auch nicht mit Ketten; denn er war oft mit Fesseln und Ketten gebunden gewesen und hatte die Ketten zerrissen und die Fesseln zerrieben; und niemand konnte ihn bändigen. Und er war allezeit, Tag und Nacht, in den Grabhöhlen und auf den Bergen, schrie und schlug sich mit Steinen. Als er aber Jesus sah von ferne, lief er hinzu und fiel vor ihm nieder und schrie laut: Was willst du von mir, Jesus, du Sohn Gottes, des Allerhöchsten? Ich beschwöre dich bei Gott: Quäle mich nicht! Denn er hatte zu ihm gesagt: Fahre aus, du unreiner Geist, von dem Menschen! Und er fragte ihn: Wie heißt du? Und er sprach: Legion heiße ich; denn wir sind viele. Und er bat Jesus sehr, dass er sie nicht aus der Gegend vertreibe. Es war aber dort an den Bergen eine große Herde Säue auf der Weide. Und die unreinen Geister baten ihn und sprachen: Lass uns in die Säue fahren! Und er erlaubte es ihnen. Da fuhren die unreinen Geister aus und fuhren in die Säue, und die Herde stürmte den Abhang hinunter in den See, etwa zweitausend, und sie ersoffen im See. Und die Sauhirten flohen und verkündeten das in der Stadt und auf dem Lande. Und die Leute gingen hinaus, um zu sehen, was geschehen war, und kamen zu Jesus und sahen den Besessenen, wie er dasaß, bekleidet und vernünftig, den, der die Legion unreiner Geister gehabt hatte; und sie fürchteten sich. Und die es gesehen hatten, erzählten ihnen, was mit dem Besessenen geschehen war und das von den Säuen. Und sie fingen an und baten Jesus,

---

[41] Vgl. Eduard Lohse, Das Evangelium nach Markus (NTD 1/1), Göttingen 1983, 24 f.; Joachim Gnilka, Das Evangelium nach Markus (EKK 2), Göttingen 2010, 76 f.; Eduard Lohse, Die Wundertaten Jesu. Die Bedeutung der neutestamentlichen Wunderüberlieferung für Theologie und Kirche, Stuttgart 2015, 78 f.

aus ihrem Gebiet fortzugehen. Und als er in das Boot trat, bat ihn der Besessene, dass er bei ihm bleiben dürfe. Aber er ließ es ihm nicht zu, sondern sprach zu ihm: Geh hin in dein Haus zu den Deinen und verkünde ihnen, welch große Wohltat dir der Herr getan und wie er sich deiner erbarmt hat. Und er ging hin und fing an, in den Zehn Städten auszurufen, welch große Wohltat ihm Jesus getan hatte; und jedermann verwunderte sich.«

Im Gebiet der Gerasener begegnet Jesus einem Besessenen, der nackt in Grabhöhlen fern der Siedlung wohnt. Der unreine Geist lässt sein Opfer sich selbst verletzen und sich von jeglichen schützenden Fesseln, die andere ihm anlegen, befreien. Als der Besessene sich vor Jesus niederwirft und ihn bei Gott (!) beschwört, ihn nicht zu quälen, fragt Jesus nach dem Namen des Geistes, der sich daraufhin als »Legion« zu erkennen gibt und ergänzt: »Denn wir sind viele.« Die Geister (Numeruswechsel!) erkennen, dass sie sich nicht dagegen wehren können, aus dem Besessenen vertrieben zu werden und bitten Jesus, sie in eine Herde Schweine fahren zu lassen, die sich nach erfolgtem Einfahren in den See stürzt und dort ertrinkt. Der Besessene erscheint daraufhin wieder »vernünftig« und ist wieder angekleidet und kehrt zurück zu seiner Familie und lobt Gott öffentlich.[42]

Typischerweise hat eine Dämonenaustreibung wie diese, die sich dadurch auch formgeschichtlich von Wunderheilungen unterscheidet, drei konstituierende Elemente:

1) Der Besessene wird vom Dämon fremdbeherrscht, er ist nicht mehr selbstbestimmtes Subjekt, sondern nur noch Objekt einer fremden Macht (Mk 5,5: Der Besessene schlägt sich selbst mit Steinen).

2) Dämon und Exorzist führen einen Kampf gegeneinander, wobei sie zumeist die gleichen Mittel verwenden (Mk 5,7: Die Beschwörung des Dämons durch Jesus kontert der Dämon, indem er den Exorzisten »bei Gott« beschwört, ihn nicht zu quälen). Oftmals spricht der Exorzist einen Ausfahrbefehl (Mk 5,8: »Fahre aus, du unreiner Geist, von dem Menschen!«), manchmal gefolgt von einem Einfahrbefehl (nämlich in Gegenstände oder Tiere, Mk 5,13). Es finden sich häufig auch onomatomantische Elemente (Mk 5,9: »Wie ist dein Name?«) und Schweigebefehle (Mk 1,25), ebenso wie Bedrohen des Dämons (Mk 1,25).

3) Das Ausfahren wird durch eine letzte Wirkung des Dämons vor Augen geführt (Mk 5,12 f.: Die Dämonen fahren in die Schweine ein und treiben sie in den kollektiven Suizid). Auch kann der Besessene noch ein letztes Mal vom Dämon gerissen werden (Mk 1,26). Insofern kann eine dämonische Besessenheit als das Gegenteil von Gesundheit interpretiert werden, als »eine Gefährdung, die eine folgende Heilung notwendig macht.«[43]

Die ungesunde Besessenheit des Menschen in Mk 5,1–20 realisiert sich als Beziehungsabbruch auf drei unterschiedlichen Ebenen: Beziehungsabbruch mit sich selbst, Beziehungsabbruch mit der Gesellschaft und Beziehungsabbruch mit Gott. Der Besessene verletzt sich selbst; er lebt sozial isoliert bei den Toten am Quell aller Unreinheit, er trägt keine Kleidung (Kleidung war und ist ein Zeichen der

---

42 Vgl. Gnilka, Markus, 206.
43 Theissen, Wundergeschichten, 96.

menschlichen Sozialität), und er kämpft gegen Jesus an. Die Heilung stellt ein intaktes Selbstverhältnis, eine intakte Sozialbeziehung und ein intaktes Gottesverhältnis wieder her. Ich halte es für wichtig, dass auch unsere gegenwärtige Vorstellung von Gesundheit diese drei verschiedenen Dimensionen im Blick behält.

3.3.3 Schwachheit als Stärke – Gesundheit in den paulinischen Briefen

Eine wichtige Quelle für den paradoxen Gesundheitsbegriff des Apostels Paulus ist der erste Korintherbrief. Er enthält grundsätzliche Antworten des Völkerapostels auf eine Reihe konkreter Anfragen hinsichtlich des Glaubens und Lebens der Christen in der antiken Hafenmetropole Korinth. Der Brief ist das Zeugnis der Chancen und Probleme einer sozial und kulturell heterogenen christlichen Gemeinde in einer multireligiösen antiken Großstadt. Um die zahlreichen Konflikte innerhalb dieser bunten Gemeinde zu beenden, entwickelt Paulus ein übergreifendes Konzept von realisierter Christusnachfolge, dessen zentraler Orientierungspunkt die Übertragung der im Kreuzestod Christi begründeten unkonditionierten Liebe auf alle zwischenmenschlichen Beziehungen ist (»Kreuzestheologie«).[44] Wahre Christusnachfolge ist für Paulus somit zwingend Kreuzesnachfolge. Diese bedeutet für ihn nicht Ruhm und Gesundheit, sondern Anteilhabe an der Schwachheit des gekreuzigten Christus.[45]

Gesundheit und Krankheit sind für Paulus zunächst Ausdruck der menschlichen Leiblichkeit. Diese Leiblichkeit wiederum fußt in der Gottebenbildlichkeit des ganzen Menschen als personaler Lebenseinheit. Als theologisch positiv besetzte Begriffe gehören Leiblichkeit und Identität für Paulus zusammen und sind grundsätzlich relational bestimmt. Zukünftiges Heil und Erlösung können nur im Medium der Leiblichkeit angeeignet werden; auch gegenwärtige christliche Existenz kann nur im Medium der Leiblichkeit ausgedrückt werden. Leibliche Wahrnehmung, leibliche Erfahrung und leibliche Begegnung haben darum stets auch eine eminent religiöse Bedeutungskomponente.

Es ist festzuhalten, dass die geistgewirkte Gabe der Heilung von Krankheiten in 1 Kor 12,9.28.30 wiederholt unter den christlichen Charismen als Manifestationen und Konkretionen der Gnade Gottes und als vergegenwärtigende Erfüllung der prophetischen Verheißung (Jes 35,5f.)[46] aufgeführt wird. Der paulinische Gebrauch von σάρξ (»*Fleisch*«) thematisiert jedoch zugleich auch die grundsätzliche Hinfälligkeit

---

44 Vgl. Jean Zumstein, Das Wort vom Kreuz als Mitte der paulinischen Theologie, in: Andreas Dettweiler/ders. (Hg.), Kreuzestheologie im Neuen Testament (WUNT 151), Tübingen 2002, 27–41, hier: 32–39.
45 Vgl. 2 Kor 4,10; 13,4.9.
46 Jes 35,5f.: »Dann werden die Augen der Blinden geöffnet, auch die Ohren der Tauben sind wieder offen. Dann springt der Lahme wie ein Hirsch, die Zunge des Stummen jauchzt auf.«

des geschöpflichen Menschen in seiner heillosen Preisgegebenheit an diese Welt.⁴⁷ In 2 Kor 12,7–10 rekurriert Paulus auf seine eigene beeinträchtigende Leidenserfahrung⁴⁸, die er als gottgewolltes Einwirken einer schadenden Macht mit der Metonymie ἄγγελος σατανᾶ (»*Satansengel*«) umschreibt und die sich in seiner chronischen und schmerzhaften körperlichen Erkrankung manifestiert.⁴⁹ Auch in Gal 4,13f. wird im Kontext einer Erinnerung der Galater an ihre Bekehrung zum paulinischen Evangelium die Erkrankung des Apostels erwähnt. Hier erfährt man, dass die »*Schwachheit des Fleisches*«, die er bei seinem vorherigen Missionsaufenthalt an den Tag legte, offenbar aufgrund ihrer abstoßenden äußeren Symptome bei seinem Gegenüber Verachtung und das Bedürfnis nach apotropäischem Schutz vor einer Übertragung bzw. Ansteckung provozierte.⁵⁰

Nicht die Gesundheit, sondern die geschöpfliche Körperlichkeit und Unvollkommenheit der adamitischen Menschheit ist für Paulus der zentrale Ort, an dem sich das eschatologische Heilsgut der Auferweckung realisiert. Gerade gegenüber dem enthusiastischen Heilsverständnis seiner Gegner, welche bereits die Taufe als gegenwärtige Teilhabe des menschlichen Geistes an der Heilswirklichkeit deuten und welche den Umgang mit dem vergänglichen Leib fortan als irrelevant für das Heil des geistlichen Menschen erachten,⁵¹ betont er, dass sich kein Teil des Menschen aus der Bindung an den Herrn und aus der Verantwortung vor ihm ausklammern lässt (1 Kor 6,12–14). In 1 Kor 7,34 begegnet eine explizite Sakralisierung des christlichen Leibes (hier als σῶμα und πνεῦμα) in der Hoffnung auf die Teilhabe an der Auferweckung Jesu Christi, die den Umgang mit ihm theologisch relevant werden lässt.⁵² Die menschliche Leiblichkeit ist demnach für Paulus nicht Teil, sondern umgreifendes Ganzes des Menschen. Sie unterscheidet sich nicht hinsichtlich Gesundheit oder Krankheit, sondern sie steht entweder in Relation zu Sünde, Gesetz und Tod oder in Relation zu Geist, Christus und Gott. Die Pragmatik einer solchen paradox formulierten Erfahrungsdeutung des Völkerapostels Paulus besteht nicht in der faktischen Aufhebung der Not, sondern in der tröstenden Zusage des andauernden unkonditionierten göttlichen Beistands angesichts der Schwachheitserfahrung des Glaubenden in seiner prinzipiellen Angewiesenheit auf die Gnade Gottes in Gesundheit *und* in Krankheit.⁵³

---

47 Röm 2,28; 3,20; 6,19; 7,5.18.25; 8,3–13; 1 Kor 1,29; 5,5; 7,28; 10,18; 15,39.50; Gal 2,16.20; 3,3; 4,13; 5,24.
48 Vgl. Johannes Krug, Die Kraft des Schwachen. Ein Beitrag zur paulinischen Apostolatstheologie (TANZ 37), Tübingen/Basel 2001, 57; Young Sook Choi, »Denn wenn ich schwach bin, dann bin ich stark«. Die paulinischen Peristasenkataloge und ihre Apostolatstheologie (NET 16), Tübingen/Basel 2010, 236–238.
49 Vgl. Ulrich Heckel, Der Dorn im Fleisch. Die Krankheit des Paulus in 2 Kor 12,7 und Gal 4,13f., in: ZNW 84 (1993), 65–92; Tilly, Behinderung, 74 f.
50 Vgl. Dieter Lührmann, Der Brief an die Galater (ZBK.NT 7), Zürich 1978, 74; Ulrich B. Müller, Art. Krankheit III. Neues Testament, in: TRE 19 (1990), 684–686, hier: 685.
51 Vgl. Lorenzo Scornaienchi, Sarx und Soma bei Paulus (SNTU 67), Göttingen 2008, 82–95.
52 So Michael Wolter, Paulus. Ein Grundriss seiner Theologie, Göttingen ³2021, 333. Vgl. Tobias Nicklas, Gottesbeziehung und Leiblichkeit des Menschen. Frühjüdische und antikchristliche Perspektiven, in: Grünstäudl/Schiefer Ferrari (Hg.), Lektüre, 127–140.
53 Vgl. Heckel, Kraft, 98.

3.4 Zusammenfassung

Die Durchsicht der antiken Quellen hat gezeigt, dass Gesundheit stets eine anthropologische, eine soziale und eine religiöse Dimension hat. Die antiken jüdischen, hellenistisch-römischen und frühchristlichen Befassungen mit Gesundheit und Krankheit fußen auf konkurrierenden Menschenbildern, von denen das eine den Menschen als Kompositum von Leib und Seele, das andere den Menschen als psychophysische Einheit betrachtet. Wesentlich für die neutestamentlichen Texte ist dabei die menschliche Körperlichkeit in ihrer grundsätzlichen Relationalität. Die antike Diagnose »dämonischer Besessenheit« wird in der Evangelientradition als vielfache Beziehungsstörung verstanden. Die innerhalb dieses kulturellen Bezugsrahmens vom antiken Exorzisten wiederhergestellte Gesundheit eines Menschen bedeutet dementsprechend die Wiederherstellung seines intakten Selbstwertgefühls, seiner intakten Sozialität und seines intakten Gottesverhältnisses.

Die frühchristliche, insbesondere die paulinische Vorstellung von »Schwachheit« meint keine defizitäre Existenz, sondern bezeichnet den gottebenbildlich geschaffenen Menschen in seiner Körperlichkeit und in seiner Unvollkommenheit. Mangelnde Gesundheit ist kein Zeichen eines – zumal individuellen oder gar schuldhaften – gestörten Gottesverhältnisses, sondern Bestandteil der *conditio humana*.

Eine mögliche Konsequenz des frühchristlichen Standpunkts für die aktuelle Diskussion hinsichtlich der Notwendigkeiten und Möglichkeiten einer christlich fundierten Gesundheitsseelsorge könnte deshalb in der Wahrnehmung der menschlichen Existenz als multidimensionales Wirkungsfeld der Kraft Christi auch und gerade in physischer Schwachheit, in Krankheit und in Behinderung bestehen. Gesundheit bedeutet ein intaktes Selbstverhältnis, eine intakte Sozialität und ein intaktes Gottesverhältnis. Gesundheit ist jedoch nicht der definitiv gültige Bewertungsrahmen für die Beurteilung eines gelingenden Menschenlebens. Gesundheit beschränkt sich eben nicht auf Wohlbefinden und Aufgabenerfüllung. Es ist an dieser Stelle abschließend zu betonen, dass die Vorstellung einer »gesunden« Welt ohne Behinderung, Krankheit und Tod von Anfang an zu den projektierten eschatologischen Hoffnungsgütern des Christentums gehörte und keine Zielvorstellung des begrenzten diesseitigen Lebens darstellt. Heil und Gesundheit im menschlichen Leben überschneiden sich im frühchristlichen Denken, aber sie gehen nicht deckungsgleich ineinander auf.

4. Ein evangelisches Gesundheitsverständnis

Reiner Anselm

»Der Glaube richtet sich auf *diese* Welt, nicht auf parallele oder zukünftige Welten,«[1] formuliert Hartmut von Sass in der Tradition der hermeneutischen Theologie in seinem 2022 erschienenen Traktat »Atheistisch glauben«. Er bringt damit das zum Ausdruck, was für die Ethik auch schon Trutz Rendtorff festgehalten hatte: Es geht um dieselbe Lebenswirklichkeit, die die ethische Theologie ebenso wie die anderen Wissenschaften vor Augen haben. Eine andere Welt als die, die auch die säkulare Vernunft und die ihr zugeordneten Wissenschaften beschreiben, gibt es nicht. Unterschiedlich ist allerdings der Modus des Betrachtens: Während die Wissenschaften ihr jeweiliges Segment in den Blick nehmen, geht es dem Glauben um eine übergeordnete Frage, nämlich um das Ganze. Dementsprechend halten in großer Übereinstimmung sowohl Rendtorff als auch, eine Generation später, von Sass fest: Theologie richtet sich auf »unsere Welt in ihrer Gesamtheit«[2], so von Sass, sie befasst sich als Ethik, so Rendtorff, »mit dem Verständnis der menschlichen Lebenswirklichkeit insgesamt.«[3]

Nimmt man dies zum Ausgangspunkt, so kann wenig überraschen, dass die viel zitierte Definition der WHO, »Gesundheit ist ein Zustand des vollständigen körperlichen, geistigen und sozialen Wohlergehens und nicht nur das Fehlen von Krankheit oder Gebrechen«[4], gerade von theologischer Seite immer wieder Kritik auf sich gezogen hat: Die Bestimmung, es gehe um das *vollständige Wohlergehen* liegt erkennbar zu nahe an der Zuständigkeit von Religion und Theologie für das Ganze – obwohl das in der Definition wohl gar nicht gemeint ist. Die Definition der WHO ist daran interessiert, die Gesundheit als Menschenrecht zu etablieren und dabei, wie bei den Menschenrechten üblich, eine normative Zielsetzung zu beschreiben, die nicht von vornherein Einschränkungen vornimmt[5]. Doch in der theologischen

---

1 Hartmut von Sass, Atheistisch glauben. Ein theologischer Essay, Berlin 2022, 20.
2 Ebd., 17.
3 Trutz Rendtorff, Ethik. Grundelemente, Methodologie und Konkretionen einer ethischen Theologie, Tübingen ³2011, 45.
4 www.admin.ch/opc/de/classified-compilation/19460131/201405080000/0.810.1.pdf (Zugriff am 6.1.2025).
5 Vgl. zu diesem Zusammenhang Thorsten Moos, Krankheitserfahrung und Religion, Tübingen 2018, 387f. Dass der WHO dabei vor Augen stand, dass dieses Ziel von den Mitgliedsstaaten immer nur partikular zu realisieren ist und zudem auch in Konkurrenz zu anderen Menschenrechten geraten kann, liegt schon aufgrund der im Vergleich zu heute doch sehr eingeschränkten medizinischen Möglichkeiten nahe.

Rezeption dominiert weitgehend der kritische Vorwurf, die Medizin bemächtige sich der ihr vorbehaltenen Ganzheitsvorstellung, medikalisiere damit gewissermaßen den Bereich der theologischen Alleinzuständigkeit. Auch hier genügt ein Blick in die nicht-theologische Kritik an der WHO-Definition um die Vermutung zumindest zu relativieren. Denn dort wird nämlich gerade problematisiert, dass Gesundheit allein über den subjektiv empfundenen Zustand, nicht durch objektiv evaluierbare und damit eben nicht durch von der medizinischen Profession festgelegten Kriterien definiert werde[6]. Doch ganz offenkundig ruft die Frage nach der Definitionskompetenz für Gesundheit all die Spannungen und auch die Verlusterfahrungen auf, die bereits Bernhard Groethuysen in seiner Studie zur Entstehung der bürgerlichen Welt und Lebensanschauung in Frankreich 1927 in die These gefasst hat, dass der Kampf zwischen den religiösen und den säkularen Deutungsmustern sich insbesondere an den Kranken- und vor allem den Sterbebetten vollzogen habe.[7]

Diese Professionenkonkurrenz hat dabei eine längere Vorgeschichte, die letztlich aus der Überschneidung von Heil und Heilung in der Antike herrührt. So wie die hippokratischen Ärzte in der Mehrzahl der Fälle wohl auch Priester des Asklepios waren[8], legen ebenso die Heilungsgeschichten des NT nahe, dass die Attraktivität des Auftretens Jesu zu einem wesentlichen Teil durch sein Wirken als Heiler begründet wurde. Bis in die Neuzeit hinein besteht diese Überschneidung von Heil und Heilung latent weiter. Da jedoch den Arztpersonen in der Vormoderne kaum mehr Möglichkeiten als jedem anderen, erfahrenen Erwachsenen zur Verfügung standen, konnte diese Spannung keine größere Kraft entfalten, zumal die gesellschaftliche Macht der Kirche unbestritten war: Exemplarisch mögen dafür die Festlegungen des IV. Laterankonzils gelten, die 1215 den Vorrang der Seele vor dem Körper unterstreichen, Heilmittel, die dem Seelenheil schaden könnten, verbieten, Beichte und Kommunion vor der Krankenbehandlung angeordnet werden.

Mit der Moderne ändert sich dies jedoch und die Theologie sieht sich unversehens in einer defensiven Rolle: Ihre Vorherrschaft ist Geschichte, die aufstrebende Medizin macht ihr zunehmend Rang und Bedeutung streitig. Die Versuche der Theologie, die wachsende Bedeutung der Medizin zurückzudrängen, sind dabei zunächst von einer polemischen Diskreditierung gekennzeichnet. Insbesondere gilt dies für das 19. Jahrhundert[9]. Zunehmend verlagert sich die Akzentsetzung theologischer Medizinkritik darauf, dem unzweifelhaft technisch-reduktionistischen Verständnis der modernen Medizin die Ganzheitlichkeit des Menschen und damit auch

---

6 Vgl. Alexa Franke, Modelle von Gesundheit und Krankheit, Bern ³2012, 41.
7 Vgl. insb. Bernhard Groethuysen, Die Entstehung der bürgerlichen Welt- und Lebensanschauung in Frankreich. Bd. 1: Das Bürgertum und die katholische Weltanschauung (1927), Neuausgabe Frankfurt/M. 1978, 97 ff.
8 Vgl. Eduard Seidler, Geschichte der Medizin und der Krankenpflege, Stuttgart ⁶1993, 43.
9 So hält der liberale Heidelberger Systematiker Ludwig Lemme fest: »Gerade weil es Menschen gibt, die mehr an den Arzt glauben als an Gott (oft sogar in Form kindlichen Aberglaubens) sollten christliche Familien fest sein in dem unerschütterlichen Gottvertrauen, das menschlichen Rat und menschliche Hilfe nur braucht in Unterordnung unter die göttliche Vorsehung.« Ludwig Lemme, Christliche Ethik, Bd. 2, Berlin 1905, 681.

die Komplexität der Definition von Gesundheit entgegenzustellen. Sie adressierte damit durchaus korrekt das Paradigma der modernen Medizin, die ihre Erfolge durch die Betrachtung des Körpers als funktional konzipierte Maschine erreichte, deren Fehlregulationen es auszugleichen gilt. Allerdings ließ sich die Theologie in der Auseinandersetzung mit diesem Paradigma allzu schnell dazu hinreißen, aus einer berechtigten Kritik die unberechtigte Neuauflage des Streites um die Deutungsmacht zwischen Religion und Naturwissenschaft anzuzetteln. So verband sie den berechtigten Hinweis auf den Reduktionismus des naturwissenschaftlich-technischen Denkens und der damit korrespondierenden Auffassung von Gesundheit als Funktionieren der Körpermaschine mit dem unberechtigten Hinweis darauf, dass nur die Theologie den ganzen Menschen in den Blick nehme. Die prägnante Analyse der Einseitigkeit der naturwissenschaftlichen Sicht schlug dann um in eine mehr oder weniger deutliche Superiorität der religiösen Deutung – eben als Wiederaufnahme der Konkurrenz zwischen Heil und Heilung. Verstärkt wurde diese Tendenz durch die Ethisierung der Klinikseelsorge seit den 1960er-Jahren.[10] Inspiriert durch die Bürgerrechtsbewegung legt sie ihren Schwerpunkt weniger auf die Sicherstellung der Verkündigung in der Krankenanstalt, auch für die, die sich durch den Klinikaufenthalt nicht am religiösen Leben der Heimatgemeinde beteiligen können. Vielmehr versteht sie sich als eine außerhalb der medizinischen Hierarchie stehende Instanz zum *Empowerment* und zur mental-spirituellen Stärkung der Einzelnen. Im Hintergrund steht hier zunächst das Bemühen, ein Gegengewicht gegen die medizinische Entscheidungsmacht zu etablieren, die als Schattenseite der technisierten Hochleistungsmedizin immer deutlicher wird.

Betrachtet man die hier anklingenden Problembereiche aus der grundsätzlicheren Perspektive einer Kulturhermeneutik des Christentums, so zeigt sich wie in einer Miniatur die zentrale Herausforderung neuzeitlicher Theologie, nämlich die Zusammenbestehbarkeit des christlichen Glaubens und der dazugehörigen Praxis mit der kulturellen Thematisierung des Körpers in der Moderne. Charles Taylor hat hier sogar von einer der tiefsten ungelösten Fragen der modernen westlichen Kultur"[11] gesprochen. Präziser formuliert: Wie lassen sich die gestiegene Aufmerksamkeit für den Körper mit der Hochschätzung des Geistes in den höher entwickelten Religionen, gerade auch dem Christentum, zusammendenken? Denn gerade der Fortschritt der Medizin hat ja nicht nur die Schattenseite eines technisch-reduktionistischen Blicks auf den Körper deutlich werden lassen. Er hat eben auch zu einer gestiegenen individuellen Sensibilität für dessen Verletzlichkeit geführt.

---

10 Zum Problembereich Seelsorge und Ethik vgl. insbes. Isolde Karle/Traugott Jähnichen, Ethik für die Seelsorge – Seelsorge für die Ethik. Überlegungen zur Verhältnisbestimmung von Theologischer Ethik und Poimenik, in: ZEE 64 (2020), 277-288, sowie Ulrich H. J. Körtner, Ist die Moral das Ende der Seelsorge oder ist die Seelsorge am Ende Moral, in: WzM 58 (2006), 225-245; Ralph Kunz/Matthias Neugebauer: Ethische Seelsorge und Orientierung. Die Herausforderungen für die kirchliche Seelsorge durch ethischen Relativismus und Wertepluralismus – Systematische und pastoraltheologische Erwägungen, in: WzM 58 (2006), 246-258.

11 Charles Taylor, Ein säkulares Zeitalter, Berlin 2012, 1016.

Die Herausforderung eines christlichen Gesundheitsbegriffs besteht nun darin, diesen Aspekt der Körperlichkeit nicht als nachrangig oder sekundär einzuspielen, sondern sich ohne grundsätzliche Relativierungen für den Aspekt körperlicher und damit biomedizinisch-naturwissenschaftlich zu definierender Gesundheit auszusprechen. In diesem Sinne umschreibt Gesundheit die Homöostase des Körpers, also das Gleichgewicht der verschiedenen Regelkreise des Körpers. Es liegt auf der Hand, dass es für dieses Gleichgewicht keinen fixen Wert gibt, sondern stets eine gewisse Schwankungsbreite. Dies gilt sowohl synchron, als auch diachron, also innerhalb der Angehörigen derselben Alterskohorte sowie zwischen unterschiedlichen Altersgruppen: Was bei einem älteren Menschen als gesund gilt, kann sich möglicherweise von dem unterscheiden, was für einen jungen Menschen gilt. In der Kombination zwischen beiden Gruppierungsmerkmalen erlauben solche Kriterien jedoch in aller Regel eine präzise Unterscheidung zwischen dem, was als Varianz und dem, was als Defekt gilt.[12] Diese Unterscheidung beruht dabei eben nicht auf einer deduktiven Logik, sondern ergibt sich aus einer Zugangsweise, die im Wesentlichen dem entspricht, was seit Aristoteles die Topik leistet: Den Ausgangspunkt bei dem zu nehmen, was allgemein anerkannt werden kann.[13] Darüber hinaus erlauben es diese so korrelierten Kriterien auch, Gesundheit als fundamentales Gut zu beschreiben, auf dem alle höherstufigen Güter wie Freiheit, Selbstbestimmung und Wohlergehen aufruhen: Diese höheren Güter vervollständigen die Gesundheit als dem fundierenden Gut, können aber nicht als Substitut von Gesundheit verstanden werden. Sie komplettieren, ohne gleichrangig zu sein.

Vor diesem Hintergrund wird allerdings die Frage dringlich, welche zusätzliche Perspektive ein spezifisch theologischer Blick auf den Phänomenbereich »Gesundheit« liefern könnte. Dabei mag es auf den ersten Blick bequem sein, sich mit einer Dichotomie zwischen dem biomedizinisch-wissenschaftlichen Verständnis von Gesundheit, zu dem im Übrigen ja auch die soziale Dimension der Unterscheidung von Varianz und Defekt gehört, auf der einen, einem theologischen Verständnis von Gesundheit auf der anderen Seite zufriedenzugeben. Es ist dennoch unbefriedigend, weil es die theologische Deutung des eigenen Körpererlebens unmöglich macht und zu einem Doketismus tendiert, der einseitig das Gottesverhältnis als spirituell-geistiges Erleben verkürzt und zudem völlig unnötig und unsachgemäß das Christliche gegen das Medizinische in Stellung bringt. Dieser Irrweg, den trotz aller Bemühungen um eine Vermittlung zwischen dem Christentum und der Moderne Friedrich Schleiermacher gegangen ist[14], findet sich – etwas abgemildert zwar aber dennoch spürbar – auch bei Karl Barth[15]. In seinem Bemühen, die Souveränität

---

12 Zu dieser Unterscheidung vgl. bes. Philippa Foot, Die Natur des Guten, Frankfurt/M. 2004.
13 Vgl.: Aristoteles, Topik, I,1: »Glaubwürdig sind dagegen Sätze, wenn sie von Allen, oder von den Meisten oder von den weisen Männern und zwar bei letzteren von allen, oder von den meisten oder von den erfahrensten und glaubwürdigsten anerkannt werden.«
14 Vgl. Friedrich Daniel Ernst Schleiermacher, Über Platons Ansicht von der Ausübung der Heilkunst, in: Ders.: KGA I/11, hg. von Martin Rössler unter Mitwirkung von Lars Emersleben, Berlin u. a. 2002, 459–478.

Gottes und – modernespezifisch – auch dessen Güte herauszustellen, legt er das Augenmerk darauf, Krankheit und Leiden als Symptome der Entfremdung des Menschen von Gott zu deuten. Dementsprechend ist Gesundheit im vollständigen Sinn erst durch die Wiederherstellung der Gemeinschaft mit Gott möglich. Barth betont, dass die Heilung des Menschen im umfassenden Sinn nur durch Christus geschehen kann. Während die Medizin einen wertvollen Dienst leistet, kann sie letztlich nicht das tiefste Problem des Menschen lösen – die Entfremdung von Gott. Krankheit und Leiden sind Symptome dieser Entfremdung, und die wahre Heilung liegt in der Wiederherstellung der Gemeinschaft mit Gott. Dementsprechend kann Barth festhalten, dass körperliche Gesundheit dann defizitär bleibt, wenn der Mensch getrennt von Gott lebt. Umgekehrt gilt für ihn dann allerdings auch, dass ein körperlich Kranker in einer tiefen Gemeinschaft mit Gott stehen und dadurch eine Form der Ganzheitlichkeit erfahren kann, die über die physische Gesundheit hinausgeht. Das bedeutet aber, die körperliche Gesundheit letztlich zur Vorform von Gesundheit zu degradieren und damit zugleich einer Prävalenz des theologischen Gesundheitsbegriffs das Wort zu reden. Die darin sich abzeichnenden Problematiken lassen sich auch nicht dadurch abmildern, dass Barth sich durchaus bemüht, der Sorge um den eigenen Körper eine eigene Bedeutung beizumessen und auch darauf hinweist, dass die medizinische Versorgung für Kranke und die Fürsorge für Bedürftige nicht nur eine humanitäre Aufgabe darstellen, sondern eine theologische Dimension beinhalten: Sie sind Ausdruck der Liebe Gottes in der Welt. Dies geschieht jedoch nicht aus der für Barth illusorischen Überzeugung heraus, dass vollständige Heilung in dieser Welt erreicht werden könnte. Vielmehr bleibt jede Form von medizinischer oder psychologischer Hilfeleistung ein vorläufiges Zeichen für die endgültige Heilung, die nur in Gottes neuer Schöpfung vollendet wird.

Mit einer solchen Zugangsweise aber wird das Irdische gerade nicht zum Ausdrucksbereich des Glaubens, die theologische Perspektive und damit auch die Perspektive der Frömmigkeitspraxis droht sich von der Welterfahrung zu entkoppeln – wie umgekehrt die Lebenswelt und damit auch das elementare Erleben von Körperlichkeit seinen Kontakt zum Christlichen verliert. So wird man zwar konstatieren müssen, dass sich Barth gerade in den späteren Teilen seines Werkes durchaus darum bemüht, auch der Körperdimension des Menschseins gerecht zu werden, aber es gelingt ihm letztlich nicht, ein konstruktives Verhältnis zu diesem Teil menschlichen Lebens zu gewinnen. Zugespitzt formuliert: Ein evangelisches Verständnis von Gesundheit darf diese nicht losgelöst von der Körpererfahrung bestimmen wollen. Vielmehr bildet diese die Grundlage für die Deutung der Wirklichkeit, die der Glaube anbieten kann – immer im Wissen darum, dass dem Glauben keine

---

15 Zu Karl Barths komplexem Verständnis von Gesundheit und Krankheit vgl. Günter Thomas, Chaos und Erbarmen. Gesundheit und Krankheit in Karl Barths Theologie, Zürich 2023; Hans-Martin Rieger, Gesundheit als Kraft zum Menschsein. Interdisziplinäre und theologische Erkundungen zur Zielkategorie »Gesundheit«, in: Isabelle Noth/Thomas Wild/Sabina Ingold/Martin Roth (Hg.), Gesundheitsseelsorge in der Schweiz. Reformierte Perspektiven, Zürich 2025, 39–83.

andere Wirklichkeit als die der Wissenschaften zur Verfügung steht – auch wenn die Wirklichkeit nicht einfach in der Betrachtung durch die empirischen Wissenschaften aufgeht, sondern eben der Deutung bedarf. Jede Attitüde jedoch, die die besondere Bedeutung der spirituellen Dimension von Gesundheit so zum Ausdruck bringt, dass damit die wissenschaftlich beschreibbare Dimensionalität von Gesundheit als biologisches, psychisches und soziales Phänomen als defizitär dargestellt wird, ist unsachgerecht. Vielmehr gilt es, die religiöse Dimension von Gesundheit gerade so zur Geltung zu bringen, dass sie sich in den anderen Erlebensdimensionen ausdrückt, ohne zu verkennen, dass das Vergängliche die Signatur irdischen Lebens ist und daher das Heil eben erst im Reich Gottes zu erwarten ist. Dabei aber gilt, dass dieses Heil im Irdischen genau da aufscheint, wo die körperliche Verfassung ein angemessenes Realisieren der eigenen Ziele ermöglicht.

Deutlicher und früher als andere hat Dietrich Bonhoeffer in seinen Fragmenten zur Ethik darauf hingewiesen, »dass es kein wirkliches Christsein außerhalb der Wirklichkeit der Welt und keine wirkliche Weltlichkeit außerhalb der Wirklichkeit Jesu Christi« geben könne.[16]

Vor diesem Hintergrund sowie der eingangs skizzierten Charakterisierung der spezifischen Perspektive der Theologie auf die Wirklichkeit möchte ich mit Nachdruck dafür plädieren, die Sicht des evangelischen Glaubens auf Gesundheit nicht im Sinne einer Vorstellung zu interpretieren, bei der die Dimension des Glaubens zusätzlich zu anderen Kriterien des Gesundheitsbegriffs zur Geltung kommt. Umgekehrt ist dementsprechend auch ein nicht-religiös geprägtes Verständnis von Gesundheit nicht defizitär. Zugespitzt formuliert: Ohne die Dimension der Spiritualität fehlt nichts.

Allerdings kann die Perspektive des Glaubens dem Erleben eigener körperlicher Gesundheit eine zusätzliche Tiefe als Dankbarkeit verleihen: Das Erleben körperlicher Gesundheit ist oft von stiller Freude begleitet, die sich schwer in Worte fassen lässt. Im Glauben erhält dieses Erleben, das im Alltag häufig beiläufig und kaum beachtet verbleibt, eine zusätzliche Tiefendimension: Es kann zur Quelle tiefer Dankbarkeit werden. Nicht nur das »Ich bin gesund« steht dann im Vordergrund, sondern das »Ich bin beschenkt« – ohne Verdienst, ohne Anspruch. Aus dieser Dankbarkeit kann zugleich die Hoffnung erwachsen, im Falle der Erkrankung durch das Wirken anderer in ihrer Zuwendung, sei es in Medizin oder Pflege oder einfach der Mitmenschlichkeit, die Gesundheit wieder zu erlangen. Der Glaube kann hier der Hoffnung zusätzlichen Grund verleihen, allerdings kann er dafür kein Alleinstellungsmerkmal beanspruchen. Dies zeigt sich nur dort, wo er – darin ist wiederum Karl Barth zuzustimmen – mit Blick auf die eschatologische Hoffnung einen Rahmen bereitstellt, um der schwindenden Gesundheit am Ende des Lebens, um vor allem dem Wissen um die Unmöglichkeit der Heilung die Perspektive des zukünftigen und verheißenen Heils der Auferstehung entgegenstellt. Gerade in der Sicht des evangelischen Glaubens fußt diese Hoffnung dabei nicht in einem Vermögen der Einzelnen, sondern allein in der Gnade Gottes.

---

16 Dietrich Bonhoeffer, Ethik (=DBW 6), Gütersloh 1992, 47.

Ein Verständnis der menschlichen Lebenswirklichkeit insgesamt, wie es Trutz Rendtorff als Aufgabe der theologischen Ethik benannt hatte, wird sich aber dieser Aussicht auf das endgültige Heil eben nicht begnügen, sondern diese Gesamtheit in der Durchdringung der drei grundlegenden Relationen des Menschseins, nämlich gegenüber der Welt, gegenüber den Mitmenschen und gegenüber der Geschichte zur Geltung bringen. Für diese Durchdringung steht ja zugleich das, was das Christentum von allen anderen Religionen unterscheidet, nämlich der dreigliedrige Gottesgedanke. Schöpfung, Versöhnung und Erlösung als die drei Dimensionen der ökonomischen Trinitätslehre entsprechen dabei dem Verhältnis des Christenmenschen zur Welt, zu den Mitmenschen und zur Geschichte. Für die ethische Theologie verdichten sich diese drei miteinander verschränkten und sich wechselseitig korrigierenden Aspekte des Gottesgedankens in die drei Grundimperative, nämlich die Weltlichkeit der Welt zu respektieren, Freiheit in Gemeinschaft zu gewährleisten und die Zukunftsfähigkeit menschlicher Existenz zu verwirklichen. Nur in ihrer Gesamtheit bringen diese drei Aspekte die für eine evangelische Ethik charakteristische Wirklichkeitssicht zum Ausdruck.

Zum Respekt vor der Weltlichkeit der Welt gehört es dabei, wie bereits dargelegt, die körperliche Dimension des Menschseins als Grundlage und Grenze zu respektieren. Dazu gehört es neben der Hochschätzung des irdischen Lebens und damit auch der medizinischen Versorgung auch, die grundsätzliche Begrenztheit menschlichen Lebens zu akzeptieren. Dies beinhaltet in Weiterführung eines Gedankens, den Erich Schmalenberg im Anschluss an Karl Rahner bereits 1975 ausgearbeitet hat, dann von einem sinnhaften Tod zu sprechen, wenn die Möglichkeiten des Lebens nach dem Erwartbaren erschöpft sind. Sterben und Tod markieren genau dann keine Krankheit, sondern gehören zum – gesunden – Leben, wenn die Zeitspanne des Lebens nach überwiegender Auffassung erschöpft ist.[17]

Freiheit in der Gemeinschaft zu gewährleisten, korrespondiert mit dem Gedanken, dass Gesundheit immer auch eine soziale Dimension innewohnt, verstanden als Teilhabe am sozialen Leben. Gesundheit hat man in dieser Perspektive »immer dann, wenn ihr Fehlen nicht auffällt oder andere Alltagspraktiken nicht stört. Sie tritt erst ins Aufmerksamkeitsfeld, wenn sie brüchig wird oder in Krankheit umgeschlagen ist. Dann wird retrospektiv ein Zustand des Gewesenen als Gesundheit thematisch, der aber wiederherzustellen ist oder möglichst sein sollte.«[18] Um diese Alltagspraktiken und damit auch gesellschaftliche Teilhabe auch nach einer Störung zu gewährleisten, bilden demokratisch-partizipative Ordnungen solidarisch finanzierte Gesundheitssysteme aus. Sie mit einem Rechtsanspruch zu unterlegen, wie es in Deutschland nach § 27 I SGB V der Fall ist, dient genau der Sicherung von Freiheit in der Gemeinschaft auch im Fall der Krankheit.

---

17 Erich Schmalenberg, Sinnhaftes Leben – sinnhafter Tod. Ein Beitrag zum Euthanasiegespräch, in: ZEE 19 (1975), 160–168.
18 Uta Gerhardt, Lebensweisen und Gesundheitsorientierungen: Methodologische Probleme, in: Reinhard Gawatz/Peter Novak (Hg.), Wissenschaftliche und alltagspraktische Gesundheitskonzepte, Ulm 1993, 73–96, hier: 84.

Schließlich beinhaltet, die Zukunftsfähigkeit menschlicher Existenz zu verwirklichen, ein Doppeltes: Zum einen den Aspekt, dass Gesundheit stets auf die Verwirklichung des Möglichen bezogen ist, mithin der Fähigkeit, Pläne zu realisieren, die in der Zukunft liegen. Soweit es sich im Bereich des oben Angeführten auf die allgemein anerkannten Möglichkeiten innerweltlicher Zukunft bezieht, bedeutet dies, auf die Medizin zurückzugreifen, falls die körperlichen Fähigkeiten dies nicht erlauben. Dies schließt explizit auch die Weiterentwicklung der Medizin ein. Und es beinhaltet zum anderen die Weitergabe der aus dem Christusglauben entstehenden Hoffnung, mit der Auferstehung eine Existenz in purer Zukunft leben zu können – einer Zukunft, die keine Vergangenheit und Gegenwart, und damit auch keine Endlichkeit mehr kennt.

Gerade dieser letzte Punkt führt dann aber auch noch einmal zurück zu der Ganzheitsperspektive der Theologie und ihrer vermeintlichen Infragestellung durch die Medizin. Denn nun zeigt sich, dass die Ganzheitsperspektive der Theologie gerade nicht für einen ausgreifenden Holismus steht, bei dem der Gesundheitsbegriff dann schließlich alles umfasst – und darin schlussendlich das Geistige des Idealismus materialisiert. Sondern die Ganzheitsperspektive der Theologie ist ein Denken in Differenzen, die zwischen Gott und Welt, Mensch und Mitmensch und schließlich zwischen Geschichte und Zukunft zu unterscheiden weiß.

5. Ethische Themenverschiebungen in der Gesundheitsseelsorge

Dorothee Arnold-Krüger

Der Titel des vorliegenden Beitrags wirft drei zentrale Fragen auf; zwei verbinden sich mit dem Begriff *Gesundheitsseelsorge*: *Erstens* ist zu überlegen, mit welchem Begriff von »Gesundheit« hier umgegangen wird. *Zweitens* ist das Konzept der *Gesundheitsseelsorge* auf seine Ressourcen und Potenziale zu befragen. Und *drittens* sind vor diesem Hintergrund ethische Themenfelder in den Blick zu nehmen, die sich anschließen können. Diesen drei Aspekten soll im Folgenden jeweils in einem Abschnitt nachgegangen werden. In einem weiteren, vierten Abschnitt soll eine Konkretion vorgeschlagen werden, indem *Gesundheitsseelsorge* und der Entwurf einer *Ars moriendi nova* miteinander in Dialog gebracht werden. Ein Fazit im fünften Abschnitt schließt den Beitrag ab.

5.1 »Gesundheit« – Vorüberlegungen

»Gesundheit ist kein eindeutig definierbares Konstrukt. Sie ist schwer fassbar und nur schwer zu beschreiben (…) [Sie] ist ein relatives und relationales Phänomen, ein sozial verhandeltes Konstrukt, das vom jeweiligen kulturellen, gesellschaftspolitischen und ökologischen Kontext beeinflusst wird und sich dabei beständig erneuert«, schreiben Peter Franzkowiak und Klaus Hurrelmann.[1] Zwar ist die Definition der Weltgesundheitsorganisation (WHO) aus dem Jahr 1948 nach wie vor gültig, wonach Gesundheit als ein Zustand des »vollkommenen körperlichen, geistigen und sozialen Wohlbefindens«[2] mehr ist als die Abwesenheit von Krankheit. Daneben gibt es aber zahlreiche Entwürfe zur Definition und Klassifikation von Gesundheit, die ihrerseits ebenso zahlreiche wie unterschiedliche Dimensionen zur Beschreibung von Gesundheit benennen.[3]

Eine detaillierte Diskussion der verschiedenen Entwürfe würde an dieser Stelle zu weit führen und kann daher nicht vorgenommen werden. Vielmehr geht es darum,

---

1 Peter Franzkowiak/Klaus Hurrelmann, Gesundheit, in: Bundeszentrale für gesundheitliche Aufklärung (BZgA) (Hg.), Leitbegriffe der Gesundheitsförderung und Prävention. Glossar zu Konzepten, Strategien und Methoden, 2022, https://doi.org/10.17623/BZGA:Q4-i023-1.0 (Zugriff am 12.5.2025).
2 Vgl. World Health Organization (WHO), Constitution, https://www.who.int/about/governance/constitution (Zugriff am 12.5.2025).
3 Vgl. Franzkowiak/Hurrelmann, Gesundheit.

zentrale Aspekte der weitgefächerten Diskussionen um den Begriff »Gesundheit« zu skizzieren und auf unser Thema hin zu konzentrieren.[4]

Zwei Ausgangspunkte sind dafür vorab zu benennen. *Erstens* ist der Kontext, in dem »Gesundheit« im Folgenden reflektiert wird, derjenige einer spätmodernen westeuropäischen Gesellschaft. Diese ist zwar im 21. Jahrhundert religiös plural, in ihrer historischen Prägung aber vornehmlich christlich. Das heißt, das philosophische und religiöse Wertesystem, in dem sich medizinische Entwicklung und Fortschritte vollzogen haben und diskutiert wurden, war über Jahrhunderte vornehmlich durch die christliche Religion geprägt. Das Nachdenken über »Gesundheit« in diesem Beitrag ist *zweitens* an die Bedingungen einer westeuropäischen medizinischen Versorgung gebunden. Damit ist eine für alle Personen verfügbare medizinische Versorgung vorausgesetzt, die zwar durch jeweils differenzierte Refinanzierungsmodelle aufgestellt und gesichert, in ihrem Grundansatz aber für alle zugänglich ist. Auch wenn die Strukturen der jeweiligen Refinanzierungsmodelle stetig transformiert werden, so ist doch das Grundsystem, innerhalb dessen »Gesundheit« im Folgenden diskutiert wird, als relativ konstant zu betrachten. Damit verbunden ist auch ein Qualitätsstandard und Ausbildungsniveau des medizinischen Personals, der Zugang zu allen notwendigen Therapien und Medikamenten sowie die entsprechenden institutionellen Voraussetzungen zur Versorgung im ambulanten und stationären Bereich.

Für die weiteren Überlegungen zum Gesundheitsbegriff können drei Grundannahmen als leitend gelten: 1.1 »Gesundheit« ist ein kontextueller Begriff, 1.2 »Gesundheit« ist Teil eines Begriffspaars und 1.3 »Gesundheit« ist ein Konstrukt, das Ressourcen und Schwierigkeiten beinhalten kann. Die einzelnen Punkte werden im Folgenden konkretisiert.

5.1.1 »Gesundheit« als kontextueller Begriff

Mit und in dem Begriff »Gesundheit« sind unterschiedliche Perspektiven verbunden – z. B. medizinische, politische, individuelle und überindividuelle – die jeweils in Wechselwirkungen zueinanderstehen.[5] Weder kann »Gesundheit« beispielsweise durch rein politische Determinanten noch durch ausschließlich individuelle angemessen beschrieben werden.[6] Vielmehr geht es dabei um das Austarieren der verschiedenen Perspektiven wie auch daraus folgenden Implikationen. Aus der Bestimmung – und dem Ausschluss – von Perspektiven in Bezug auf »Gesundheit« resultieren unterschiedliche Konzepte des Gesundheitsbegriffs, die sich wiederum stetig transformieren, sowohl hinsichtlich ihrer Ausgangsperspektive als auch ihrer inhaltlichen Gewichtungen. So schlägt Göckenjan die Systematik von drei dominanten Deutungsfigurationen vor (Angrenzungskonzept, Funktionsaussage, Wertaussage),[7] während

---

4 Vgl. dazu auch den Beitrag von Mathias Allemand und Isabelle Noth in diesem Band.
5 Vgl. Franzkowiak/Hurrelmann, Gesundheit; Dietrich von Engelhardt, Art. Gesundheit, in: Lexikon der Bioethik 2, Gütersloh 2002, 108–114, hier: 113 f.
6 Vgl. Engelhardt, Gesundheit, 114.

beispielsweise Franke die Aspekte Störungsfreiheit, Wohlbefinden, Leistungsfähigkeit bzw. Rollenerfüllung, Gleichgewichtszustand und Flexibilität versus Anpassung heranzieht, um »Gesundheit« zu konzeptualisieren.[8] Die ausgesprochen komplexe und differenzierte Diskussion um den Gesundheitsbegriff kann an dieser Stelle lediglich benannt werden. Deutlich wird jedoch bereits an den kurzen Beispielen der Begriffsbestimmung, dass es sich um eine unabgeschlossene Diskussion handelt. Pointiert könnte man festhalten: Die Diskussion – wie auch der Begriff »Gesundheit« selbst – *muss* offen bleiben, da sie ansonsten für aktuelle Verschiebungen sowohl der Rahmenbedingungen, der politischen, gesellschaftlichen und ethischen Diskurse wie auch der medizinischen Entwicklung unzugänglich wird.[9] Denn eine abschließende Definition von »Gesundheit« beinhaltet die Gefahr einer bestimmten und bestimmenden Festlegung von »gesund« und »nicht gesund«, die zugleich eine wertende Definition von »normal – nicht normal« implizieren kann. Verbunden ist damit das Potenzial von Marginalisierung, Diskriminierung und Stigmatisierung aller Personen, die diesen Definitionen und Festlegungen von »gesund« nicht entsprechen. Dementsprechend problematisch wird es, wenn in der Bestimmung des Begriffs »Gesundheit« die unterschiedlichen, darin enthaltenen Perspektiven konfligieren oder eine der Perspektiven zur dominanten wird.[10] »Gesundheit« ist folglich ein offener und kontextsensibler Begriff – und muss dies auch sein, um aktuelle Transformationen der in ihm enthaltenen Perspektiven aufnehmen und diese zugleich immer wieder neu im Sinne einer Balance austarieren zu können.

5.1.2 »Gesundheit« als Teil eines Begriffspaars

Der Begriff »Gesundheit« und die damit verbundenen Perspektiven und Implikationen werden oftmals aus dem Gegenüber zum Begriff »Krankheit« hergeleitet.[11] Nur angemerkt sei hier, dass sich querschnittsartige wie auch detaillierte Betrachtungen zum Thema Gesundheit und Krankheit – z. B. in einer Epoche, einer Gesellschaft oder einer Generation – vornehmlich an dem Bereich »Krankheit« orientieren, weniger am Begriff »Gesundheit«. Darin mag einerseits die von der WHO zurückgewiesene Definition von »Gesundheit als Abwesenheit von Krankheit«[12] mitschwingen; andererseits zeigt dies auch auf, dass Gesundheit als Normalzustand wahrgenom-

---

7 Vgl. Gerd Göckenjan, Stichwort Gesundheit, in: Hans-Ulrich Deppe (Hg.), Öffentliche Gesundheit – Public Health, Frankfurt 1991, 15–24; dazu auch Franzkowiak/Hurrelmann, Gesundheit.
8 Vgl. Alexa Franke, Modelle von Gesundheit und Krankheit, Bern ³2012, bes. 35–57.
9 Vgl. dazu auch Engelhardt, Gesundheit, 113f.
10 Vgl. Franzkowiak/Hurrelmann, Gesundheit.
11 Vgl. Engelhardt, Gesundheit, 109. Dass auch der Krankheitsbegriff dabei nicht eindeutig ist, sondern in einem dynamischen Verhältnis zu kulturellen und gesellschaftlichen Krankheitswerten steht, hebt Ralf Stoecker hervor, vgl. Ralf Stoecker, Krankheit – ein gebrechlicher Begriff, in: Günter Thomas/Isolde Karle (Hg.), Krankheitsdeutung in der postsäkularen Gesellschaft. Theologische Ansätze im interdisziplinären Gespräch, Stuttgart 2009, 36–46.
12 Vgl. WHO, Constitution.

men wird und Krankheit die Ausnahme bildet. Damit ist freilich weder etwas über die genaue Definition von »Gesundheit« gesagt noch sind damit chronische Krankheiten berücksichtigt und die daran geknüpfte Selbst- und Fremdwahrnehmung der betroffenen Personen. Das Leben mit einer chronischen Krankheit bedeutet nicht automatisch, dass sich betroffene Menschen als dauerhaft krank wahrnehmen – oder von ihrer Umwelt so wahrgenommen werden –, sondern teils eher eine in besonderer Weise geprägte Normalität.

Die Einordnung von »Gesundheit« in ein Begriffspaar hat historisch eine lange Tradition, die an dieser Stelle lediglich angerissen werden kann.[13] Bereits in der Antike geschieht das Nachdenken über »Gesundheit« im Gegenüber zu »Krankheit«. Dieses Gegenüber wird jedoch hineingenommen in größere kosmologische, philosophische und anthropologische Bezugsfelder, aus denen unterschiedliche Interpretationen besonders für den Erhalt von »Gesundheit« resultieren. Dabei ging es nicht allein darum, einen somatischen bzw. psychosomatischen Zustand (wieder-)herzustellen, vielmehr richtete sich das Interesse vor allem auf die Bewahrung der Gesundheit.[14] Für *Platon* ist die Medizin eine Gesundheitslehre (*hygienon episteme*), wobei er einen ästhetisch-ethischen Gesundheitsbegriff vertritt.[15] *Galen* bezieht im Kontext seines universalen Schemas von Elementen, Säften etc. Gesundheit und Krankheit auf die allgemeine Natur und die Natur des Menschen.[16] »Gesundheit« ist dabei der Zustand der Harmonie bzw. Balance der Dimensionen der Natur (*isonomia*), während Krankheit durch den Zustand der Disbalance (*monarchia*) gekennzeichnet ist. Die Therapie orientiert sich daher zunächst an der Diätik, darauf folgt die Medikation und schließlich als *ultima ratio* die Chirurgie. Diätik bezeichnet hier nicht allein eine bestimmte Ernährung, sondern umfasst sechs Bereiche (Licht und Luft, Essen und Trinken, Bewegung und Ruhe, Schlafen und Wachen, Ausscheidungen, Affekte). Sie war von hoher Bedeutung und weist darauf hin, dass »Gesundheit« eingebettet ist in eine umfassende Ausgewogenheit menschlicher Lebensweise bzw. Lebensführung. Sinnlich-sittliche Vollkommenheit und körperliche Gesundheit gehören in dieser Vorstellung zusammen und sind grundlegend miteinander verknüpft.[17]

Zugleich existierte die Vorstellung von drei Zuständen eines menschlichen Lebens. Das Begriffspaar »Gesundheit – Krankheit« wird erweitert um einen Zwischenbereich, in dem es Gesundheit in Krankheit wie auch Krankheit in Gesundheit gibt. Dieser Bereich ist nach antikem Verständnis der entscheidende, die Realität ausmachende Zustand.[18] Die Vorstellung einer Unterteilung in drei Zustände wurde erst in der

---

13 Vgl. dazu ausführlich Engelhardt, Gesundheit, 113 f.; Hans-Martin Rieger, Gesundheit als Kraft zum Menschsein. Interdisziplinäre und theologischer Erkundungen zur Zielkategorie »Gesundheit«, in: Isabelle Noth/Thomas Wild/Sabina Ingold/Michael Roth (Hg.), Gesundheitsseelsorge in der Schweiz. Reformierte Perspektiven, Zürich 2025, 39–83 sowie die Beiträge von Andreas Wagner und Michael Tilly in diesem Band.
14 Vgl. Engelhardt, Gesundheit, 109 f.; Rieger, Gesundheit, 44–48.
15 Vgl. Engelhardt, Gesundheit, 110 f.
16 Vgl. dazu Engelhardt, Gesundheit, 109 f.
17 Ebd.
18 Vgl. Engelhardt, Gesundheit, 110 f.; Rieger, Gesundheit, 44–48.

modernen Medizin abgelöst, die sich, dem Vorbild der Naturwissenschaft folgend, wieder ganz auf das Gegenüber von Gesundheit und Krankheit und der Behandlung von Krankheiten konzentrierte. In der Konsequenz wurden Patient:innen immer mehr zum Objekt und weniger im Kontext in ihrer Lebensweise und -führung wahrgenommen.[19]

Die Vorstellung eines Zwischenbereichs, einer *neutralitas*, kennt auch das Mittelalter.[20] Gesundheit und Krankheit werden jedoch in dieser Epoche gelöst von der antiken Verbindung von sinnlich-sittlicher Vollkommenheit und körperlicher Gesundheit und in theologischer Perspektive auf das Jenseits bezogen. »Gesundheit« erhält dabei heilsgeschichtliche Bedeutung, während »Krankheit« als Schöpfungsdimensionen eingeordnet wird.[21] Der Mensch verweist im Übergang von Krankheit-Gesundheit und Gesundheit-Krankheit auf einen universalen Prozess, den er im irdischen Dasein vorwegnimmt. Der Körper als Gefäß der Seele sollte durchaus gepflegt werden. Hierfür gab es nach Ständen, Alter, Berufsgruppen, Geschlecht und Lebenssituation unterschiedene spezielle Gesundheitsregeln (*regimena sanitatis*). Gesundheit wurde jedoch eher als Fähigkeit gefasst, Krankheit und Leid auszuhalten, und nicht als die Abwesenheit des Krankseins. Zudem wird Krankheit nicht nur negativ gesehen und Gesundheit nicht nur positiv. Vielmehr belegen Formulierungen wie *infirmitas salubris* (heilsame Krankheit) und *sanitas perniciosa* (gefährliche Gesundheit) eine Auffassung von Gesundheit und Krankheit, die – anders als die antiken und auch die modernen Einordnungen des Begriffspaars – an einem transzendenten Bezugspunkt orientiert ist.[22]

Bezogen auf das Begriffspaar »Gesundheit – Krankheit« lässt sich nach diesem skizzenhaften Durchgang an dieser Stelle festhalten, dass die Zwischenzustände bzw. -bereiche, die im Nachdenken über Gesundheit und Krankheit in verschiedenen Epochen eine Rolle spielen, auf die Unabgeschlossenheit und das Ineinander von Gesundheit und Krankheit verweisen. Die Vorstellung von »Gesundheit in Krankheit« und »Krankheit in Gesundheit« ist zwar in der Vorstellung moderner Medizin theoretisch nicht mehr vorhanden, faktisch geht jedoch auch diese damit um, z. B. im Bereich der Remission oder auch in Bezug auf chronische Krankheiten.

5.1.3 »Gesundheit« als Konstrukt

»Gesundheit« ist ein Konstrukt, das Ressourcen und Schwierigkeiten beinhalten kann. Dies lässt sich an drei Aspekten festmachen. *Erstens* eröffnet die Prozesshaf-

---

19 Vgl. Engelhardt, Gesundheit, 112; Günter Thomas/Isolde Karle, Krankheitsdeutung in der postsäkularen Gesellschaft. Eine Einführung in das Problemfeld, in: dies. (Hg.), Krankheitsdeutung in der postsäkularen Gesellschaft. Theologische Ansätze im interdisziplinären Gespräch, Stuttgart 2009, 9–22, hier: 18.
20 Vgl. Engelhardt, Gesundheit, 110; Rieger, Gesundheit, 45 f.
21 Zur Überblendung von Medizin und Religion und zur Diskussion von Koppelung und Entkoppelung von Medizin und Theologie vgl. Thomas/Karle, Krankheitsdeutung, 11 f.
22 Vgl. Engelhardt, Gesundheit, 110.

tigkeit (Ziel-)Perspektiven. So beschreibt z. B. Prävention oder auch Public Health ein individuelles oder gemeinschaftliches Verhalten, das auf ein bestimmtes Ziel ausgerichtet ist, z. B. das Verhindern, Vorbeugen oder Verzögern einer individuellen Erkrankung oder einer sich ausbreitenden Krankheit.[23] Prozesshaftigkeit meint hier jedoch auch, wie es der Mediziner Viktor von Weizsäcker formuliert, »sich in der Zeit verändern, wachsen, reifen, sterben können.«[24]

Zweitens beinhaltet die damit verbundene Implikation der Machbarkeit von Gesundheit eventuell bestimmte Vorstellungen eines gelingenden Lebens.[25] Diese können sich ausdrücken in einer teils gesteigerten Form von Selbstoptimierung, die Martin Rieger in ihrer expliziten Ausprägung in den Kontext einer Gesundheitsreligion einordnet bzw. damit korreliert sieht.[26] Die Vorstellung, dass Gesundheit »machbar« und somit der individuellen Handhabbarkeit und Kontrolle unterworfen ist, macht den Umgang mit Kontingenzerfahrungen wie einer schweren Krankheitsdiagnose kompliziert. Denn diese stellt einerseits die individuelle Gesundheitskontrolle grundlegend auf den Prüfstand, andererseits kann damit die Frage der Schuld an der Erkrankung verbunden sein – die sowohl von der individuellen Patient:in, ihren An- und Zugehörigen als auch von Seiten des medizinischen Personals implizit oder explizit zum Ausdruck gebracht werden kann. Mit der Vorstellung einer Machbarkeit kann folglich der Gedanke der »Abschaffung des Schicksals« verbunden sein, den der Mediziner und Medizinethiker Giovanni Maio diskutiert,[27] oder, wie der Philosoph Odo Marquard es formuliert, die Entwicklung vom Schicksal zum »Machsal«.[28] Eine bestimmte Vorstellung eines gelingenden Lebens, besonders auch im gesundheitlichen Bereich, kann hier zu einer »Tyrannei des gelingenden Lebens« führen, gegen die sich die Theologin Gunda Schneider-Flume ausspricht.[29] Der Vorstellung, die eigene Gesundheit im Sinne einer bestimmten Vorstellung – auch eines je individuell oder gesellschaftlich definierten »gelingenden Lebens« bzw. einer »gelingenden Gesundheit« – beeinflussen zu können, stehen somit Kontingenzerfahrungen gegenüber, die den Umgang mit Limitationen des (medizinisch) Machbaren herausfordern.

Drittens beinhaltet das Konstrukt »Gesundheit« normative Urteile über physische, psychische, soziale oder geistige Erscheinungen, die seitens der Ärzt:innen,

---

23 Vgl. dazu Franzkowiak/Hurrelmann, Gesundheit; Rieger, Gesundheit, 47 f.
24 Zit. nach Rieger, Gesundheit, 57; vgl. auch Engelhardt, Gesundheit, 112.
25 Vgl. Gunda Schneider-Flume, Leben ist kostbar. Wider die Tyrannei des gelingenden Lebens, Göttingen 2002, 85–94.
26 Vgl. Rieger, Gesundheit, 48 f.
27 Giovanni Maio, Gefangen im Übermaß an Ansprüchen und Verheißungen. Zur Bedeutung des Schicksals für das Denken der modernen Medizin, in: ders. (Hg.), Abschaffung des Schicksals? Menschsein zwischen Gegebenheit des Lebens und medizinisch-technischer Gestaltbarkeit, Freiburg ³2015, 10–48.
28 Odo Marquard, Ende des Schicksals? Einige Bemerkungen über die Unvermeidlichkeit des Unverfügbaren, in: Odo Marquard, Abschied vom Prinzipiellen, Philosophische Studien, Stuttgart 2005, 67–90.
29 Vgl. Schneider-Flume, Leben, 85–94.

Individuen oder der Gesellschaft formuliert werden. In den jeweiligen, scheinbar objektiven, weil evidenzbasiert grundierten, Urteilen treffen jedoch unterschiedliche – statistische, ideelle, individuelle – Normbegriffe aufeinander, die sich auch in einer zugrunde gelegten »Norm des Durchschnitts« ausdrücken können. Aus den unterschiedlichen, sich ergänzenden Normenperspektiven ergibt sich die Pluralität des Gesundheitsbegriffs.[30] Diese ist insofern hervorzuheben, als auch in Bezug auf die normativen Urteile, die in den Gesundheitsbegriff eingehen, die Gefahr einer einseitigen Verschiebung besteht. Diese können sich in Priorisierungen äußern, welche umgekehrt in den damit verbundenen Nachordnungen Diskriminierungspotenzial in sich tragen können.

Neben den überindividuellen Perspektiven und normativen Urteilen bildet die subjektive Perspektive eine weitere wichtige Konstituante des Gesundheitsbegriffs: Individuell treten jeweils konkrete Aspekte in den Vordergrund und bestimmen so eine subjektive Gesundheitsdeutung und -definition. Zentral für die jeweilige Person sind dabei die individuelle Deutungs- und Umgangsfähigkeit, das »Bewältigungsrepertoire«, wie Rieger es formuliert,[31] d. h. die je individuelle biographische Erfahrung im Kontext von »Gesundheit«. Mit ihnen verbinden sich auch Entscheidungen darüber, ob Gesundheit als Seinsaussage gefasst wird oder als sich verändernde Prozesshaftigkeit eines Lebens.

Als Zwischenfazit lässt sich an dieser Stelle festhalten, dass der Begriff »Gesundheit« ein offener und kontextsensibler ist. Er trägt Normen in sich, muss letztlich jedoch ein nicht abschließend definierbarer Begriff bleiben, um Diskriminierungen zu verhindern. Die Prozesshaftigkeit des Begriffs bezieht sich auf die Veränderungen und die Verbindung von Gesundheit und Krankheit in einer Biographie. Individuell zentral und für die je subjektive Perspektive relevant sind die jeweilige subjektive Umgangsfähigkeit und Bewältigungsstrategien des erfahrenen Ineinanders von Gesundheit und Krankheit.

5.2 »Gesundheitsseelsorge« – Potenziale und Ressourcen

Gerade die Bedeutungsoffenheit macht den Begriff »Gesundheit« und das Themenfeld, das in ihm eröffnet wird, für die Seelsorge interessant und relevant. Dies umso mehr, als sich mit dem Begriff eine Pluralität von Erfahrungen eröffnet. Mit ihnen verbunden sind unterschiedliche Fragen und Themen, mit denen Seelsorge umgeht. Thematisch geht es dabei z. B. um Fragilität und Vulnerabilität, um den Umgang mit Kontingenzen und situationsbezogene wie auch grundsätzliche Fragen nach Sinn und Deutung.[32] Ein zentraler Punkt, besonders in der Begleitung von Diagnose-

---

30 Vgl. Franzkowiak/Hurrelmann, Gesundheit; Thomas/Karle, Krankheitsdeutung, 18; Engelhardt, Gesundheit, 109.
31 Rieger, Gesundheit, 57.
32 Vgl. Jürgen Ziemer, Seelsorgelehre, Göttingen ⁴2015, 257–266.

stellungen und Personen mit schweren Erkrankungen ist dabei das Thema Endlichkeit – als Begrenzungserfahrung der individuellen Lebenszeit und Gestaltungsmöglichkeit sowie als praktische Herausforderung, zugespitzt in der Frage »wie möchte ich sterben?«, aber auch als existentielle Frage, die sich ausdrückt in Anfragen wie »worauf darf ich hoffen?«, »was trägt mich?« und »wohin gehe ich?«.

Bezogen auf die organisationale Ebene geht Seelsorge mit den pluralen Erfahrungen, die sich mit dem Begriff »Gesundheit« verbinden, vornehmlich in Institutionen des Gesundheitswesens um, z. B. in Kliniken, in Altenpflegeeinrichtungen, in der Palliativversorgung sowie der ambulanten und stationären Hospizarbeit.

Beide Aspekte – der thematische wie der organisationale – stellen Personen in den Kontext einer Defizitorientierung und einer, auch räumlichen, Sondersituation. Dies gilt für seelsorgesuchende Personen ebenso wie für die Seelsorgepersonen: Sie begegnen sich im Rahmen einer somatischen, psychischen, räumlichen und sozialen Ausnahmesituation, die für die seelsorgesuchende Person freilich weitaus gravierender ist. Denn diese Situation stellt die aktuelle Determinante der Lebenssituation der betroffenen Person dar. Darin gerät die Dekonstruktion ihrer Normalität umso schärfer in den Blick, oftmals verbunden mit der offenen Frage, ob die individuelle Person überhaupt je wieder in ihre je eigene »Normalität« zurückkehren wird.

Gerade in Bezug auf die oben beschriebene Ausnahmesituation schlägt Isabelle Noth mit der *Gesundheitsseelsorge* einen neuen Ansatz vor.[33] Ausgangspunkt dabei ist das Diskursfeld zum Thema Gesundheit, aus dem heraus diese als im Fluss befindlicher »Prozess i. S. einer anthropologischen Konstante« gefasst wird.[34] Damit verbindet Noth die Frage, wie evangelische Seelsorge mit ihrem spezifischen theologischen Inhalt als kirchliches Angebot hier zu stehen kommt. Dafür werden Voraussetzungen, Rolle und Potenzial der Seelsorge in den Blick genommen. Ein zentraler Punkt der Überlegungen zur *Gesundheitsseelsorge* ist dabei, dass Seelsorge aus dem Kontext der institutionellen Verortung, konkret der aus der Spital- bzw. Krankenhausseelsorge, herausgelöst wird. Noth geht es dabei ausdrücklich nicht um eine Neubestimmung von Seelsorge in Einrichtungen, sondern um eine neue Konzeptionalisierung von Seelsorge im Kontext der Thematik und der Erfahrungen von »Gesundheit« und insofern eine *gesundheitssensible Seelsorge*.[35] Diese setzt an bei der individuellen Person in ihren je eigenen sozialen Bezügen und ist somit, bezogen auf den räumlichen und institutionellen Kontext, in erster Linie gemeindebezogene Seelsorge.[36]

An diesen Ansatz können sich zwei Anschlussüberlegungen anschließen. Die erste betrifft den Aspekt einer gemeindebezogenen Seelsorge. Noth verortet gesundheitssensible Seelsorge in ihrem Konzept im Gemeindekontext.[37] Vor dem Hintergrund

---

33 Vgl. Isabelle Noth, Von der Spitalseelsorge zur Gesundheitsseelsorge: Plädoyer für eine poimenische Fokusverlagerung im 21. Jahrhundert, in: dies./Thomas Wild/Sabina Ingold/Michael Roth (Hg.), Gesundheitsseelsorge in der Schweiz. Reformierte Perspektiven, Zürich 2025, 13–38, und den Beitrag von Isabelle Noth dazu im vorliegenden Band.
34 Noth, Gesundheitsseelsorge, 27.
35 Vgl. Isabelle Noth, Gesundheitsseelsorge als gesundheitssensible Seelsorge, in: WzM 4 (2025), 338–343.
36 Vgl. dazu ausführlich Noth, Gesundheitsseelsorge, 24–38.

der laufenden kirchlichen Reformprozesse in den verschiedenen deutschen Landeskirchen wäre hier zu fragen, ob diese Perspektive nicht zu erweitern wäre um Verortungsansätze, die Transformationen wie Regionalisierungsprozesse und daraus entstandene Gemeindeverbünde mitberücksichtigen und zugleich veränderte Arbeitsformen in den jeweiligen Gemeindekontexten, wie z. B. Arbeit im multiprofessionellen Team, integrieren. Als Konsequenz einer solchen Erweiterung des Ansatzes wäre gesundheitssensible Seelsorge auch als Seelsorge im Sozialraum[38] und Seelsorge im Netzwerk (auch im Verbund mit anderen Akteuren im Bereich Pflege und Gesundheit, z. B. mit Ärzt:innen, Pflegediensten, Ambulanten Hospizdiensten etc.) zu diskutieren und weiterzudenken.

Die zweite Überlegung schließt sich an den Aspekt an, den Noth gegenüber der institutionen-verorteten Seelsorge hervorhebt: Demnach setzt das Konzept der *Gesundheitsseelsorge* dezidiert bei der individuellen Person in ihrem jeweiligen Kontext an.[39] Was aber geschieht, wenn sich der Kontext verändert, wenn z. B. eine Person in eine Altenpflegeeinrichtung zieht oder in die Klinik muss? *Gesundheitsseelsorge* kann hier als *mitgehende Seelsorge*[40] gefasst werden. Sie stellt in sich verändernden Kontexten ein »seelsorgliches Kontinuum« zur Verfügung, indem die Seelsorgeperson die seelsorgesuchende Person in ihren jeweiligen Kontexten aufsucht und begleitet. Damit wird einerseits eine personelle Konstante in der Seelsorge geboten, andererseits wird durch die vertraute Seelsorgeperson auch in institutionellen Kontexten ein alltäglicher Kontext eingebracht bzw. aufrechterhalten.

Bezogen auf die inhaltlichen Potenziale von *Gesundheitsseelsorge* sind vier Punkte hervorzuheben. *Erstens* ist in dem Konzept der Aspekt der Prozesshaftigkeit von »Gesundheit« integriert, insofern sie Umgangsfähigkeit mit gesundheitlichen Einschränkungen stärken kann. Die Körpererfahrung einer Krankheit trifft eine Person in umfassender, leiblicher Weise. Zugleich stellt die Erfahrung die jeweilige Person vor die Herausforderung, die Krankheit als *etwas* in der *subjektiven* Bedeutung (*für sich selbst*) zu integrieren und zu deuten. Daraus folgt eine je *individuelle* Umgangsfähigkeit.[41]

Zweitens kann *Gesundheitsseelsorge* Religion als Ressource einbringen, und zwar sowohl in einer konkreten Krisensituation als auch prospektiv. Dieser Aspekt, verbunden mit den umfangreichen Diskursen dazu, kann an dieser Stelle lediglich angerissen werden. Verwiesen sei hier auf die Forschung von Cornelia Richter, wonach Religion eine Ressource und Resilienz in und für Krisensituationen darstellen

---

37 Vgl. Noth, Gesundheitsseelsorge, 35–38.
38 Vgl. dazu den Beitrag von Uta Pohl-Patalong in diesem Band; Annette Haußmann/Christine Wenona Hoffmann (Hg.), Miteinander füreinander sorgen. Sorgende Gemeinschaften als Aufgabe von Seelsorge und Diakonie, Stuttgart 2024.
39 Vgl. Noth, Gesundheitsseelsorge, 28 f.
40 Zu dem Aspekt einer mitgehenden Seelsorge im biographischen und auch transgenerationalen Sinne vgl. den Beitrag von Evelyn Krimmer in diesem Band.
41 Vgl. dazu auch Rieger, Gesundheit, 54–56, der hervorhebt, dass Krankheit als etwas in der Bedeutung für jemand im Umgang von jemand aufzunehmen sei (vgl. ders, Gesundheit, 56).

kann, mit der sich zugleich ein erhebliches Konfliktpotenzial verbinden kann.[42] In seelsorglichem Bereich hat jüngst die Arbeit von Norina Ullmann die Gesundheitsrelevanz von Religion und Spiritualität dezidiert herausgearbeitet.[43]

Gesundheitsseelsorge kann *drittens* als Ressource zur Kontingenzbewältigung beitragen. Im Umgang mit Kontingenzerfahrungen können mit Jens Köhrsen – der hier wiederum Thomas Luckmann aufnimmt – verschiedene Kontingenzen ausgemacht und differenziert werden. So betreffen *kleine* und *mittlere Kontingenzen* Krisen und Stresssituationen des alltäglichen Lebens, wogegen unter *große Kontingenzen* Erfahrungen von Katastrophen, Krankheit und Tod gefasst werden.[44] Letztere können Köhrsen zufolge ausschließlich durch die »klassischen« Erscheinungsformen von Religion bewältigt werden.[45] Gespräche, Rituale und Angebote zur Sinndeutung sind hier als zentrale Punkte zu nennen, die Seelsorge einbringen kann.

Bezogen auf eine grundsätzliche subjektive Deutungsperspektive der eigenen Existenz, auch im Erfahrungshorizont von Gesundheit und Krankheit, kann *Gesundheitsseelsorge viertens* auf das spannungsreiche Gegenüber von »Ganzheit und Kontrafaktizität« verweisen. In seiner gleichnamigen Veröffentlichung diskutiert Jörg Dierken im Anschluss an Dieter Henrich Perspektiven, welche die religiöse Kommunikation auszeichnen und die diese Kommunikation in Lebensdeutung einspielen.[46] Mit der »Ganzheit« ist hier darauf verwiesen, dass jedes Leben im Fragment einen Deutungshorizont braucht, der uns immer entzogen bleibt. Dieser muss imaginiert werden, um sich selbst »ganz« verstehen zu können. Demgegenüber bezeichnet »Kontrafaktizität« einen Hoffnungshorizont: Ein Leben geht nicht im Faktischen und dessen Summe auf, sondern hofft und lebt immer auf etwas »Gegenweltliches« hin, das ein Leben ganz, heil und neu macht.[47]

---

42 Vgl. dazu Cornelia Richter/Franziska Geiser, »Hilft der Glaube oder hilft er nicht?« Von den Herausforderungen, Religion und Spiritualität im interdisziplinären Gespräch über Resilienz zu erforschen, in: Cornelia Richter (Hg.), An den Grenzen des Messbaren. Die Kraft von Religion und Spiritualität in Lebenskrisen, Stuttgart 2021, 9–36.
43 Norina Ullmann, Seelsorge als Gesundheitsförderung? Was die Gesundheitsrelevanz des Glaubens für Seelsorge und Kirchengemeinden bedeutet, in: WzM 4 (2025), 311–323; vgl. zum Heilungsaspekt von Seelsorge auch Simon Peng-Keller, Klinikseelsorge als spezialisierte Spiritual Care. Der christliche Heilungsauftrag im Horizont globaler Gesundheit, Göttingen 2021, 115–150.
44 Vgl. Jens Köhrsen, Religion ohne Religion? Säkularisierung als Ausbreitungsprozess funktionaler Äquivalente zur Religion, in: ThZ 70/3 (2014), 231–253, online unter: edoc.unibas.ch/35349/4/Koehrsen_Religion_ohne_Religion_Preprint.pdf (Zugriff am 23.5.2025). Zur Bestimmung von Religion als Kontingenzbewältigung vgl. Detlef Pollack, Was ist Religion? Probleme der Definition, in: Zeitschrift für Religionswissenschaft 3 (1995), 163–190, hier: 184.
45 Vgl. Köhrsen, Religion.
46 Vgl. Jörg Dierken, Ganzheit und Kontrafaktizität. Religion in der Sphäre des Sozialen, Tübingen 2014.
47 Vgl. dazu ausführlich Dierken, Ganzheit, 117–130.

5.3 Ethische Themenfelder – Beispiele und Perspektiven

Die Frage, wie Ethik und Seelsorge zueinander ins Verhältnis zu setzen seien, ist in den vergangenen Jahren vielfach diskutiert worden.[48] In der Diskussion um Ethik und Seelsorge sind dabei zwei Fragen zentral. Zum einen geht es um das Verhältnis von Seelsorge und Moral. Besonders im Zuge einer sich an der Psychologie orientierenden Seelsorge im 20. Jahrhundert, die sich als non-direktives, partnerschaftliches Gegenüber der seelsorgesuchenden Person versteht, steht nicht die Moralisierung und das Eintragen von normativen Vorgaben in die Seelsorgebeziehung, sondern die Entmoralisierung und die Befreiung von Normen im Fokus.[49] Demgegenüber wird dennoch die Frage diskutiert, welche Kompetenzen Seelsorgepersonen brauchen, um mit ethischen Konfliktsituationen angemessen umgehen zu können. Ob zwischen Ethik und Seelsorge dabei ein »natürliche(r) Konflikt«[50] entsteht, sei dahingestellt. Die seelsorgliche Bezogenheit auf den jeweiligen Einzelfall, verbunden mit der Selbstwahrnehmung als non-direktives Begleitangebot, kann allerdings in Spannung geraten zu dem, worum es der Ethik geht: um Orientierungsarbeit,[51] d. h. um die Reflexion und das Herausarbeiten einer verallgemeinerbaren Orientierung und Urteilsfähigkeit.[52] Demgegenüber schlägt der Ethiker Michael Roth eine »Seelsorgliche Ethik« vor, die sich dadurch auszeichnet, dass Ethik und Seelsorge hier in Wechselseitigkeit gesehen werden.[53] Roth legt dem ein Ethikverständnis zugrunde, wonach sich das Handeln *in* einer Situation nicht an außerhalb der Situation liegenden Normen orientiert, sondern sich *aus* der jeweiligen Situation ableitet, begründet bzw. daraus folgt.[54] Ethik eröffnet dabei ein situatives De-

---

48 Vgl. dazu den Überblick und die Diskussion der einzelnen Positionen in Thorsten Moos/Simone Ehm/Fabian Kliesch/Julia Thiesenbonenkamp-Maag, Ethik in der Klinikseelsorge. Empirie, Theologie, Ausbildung, Göttingen 2016, 264–293; Traugott Jähnichen/Isolde Karle, Ethik für die Seelsorge – Seelsorge für die Ethik. Überlegungen zur Verhältnisbestimmung von theologischer Ethik und Poimenik, in: ZEE 64 (2020), 277–288.
49 Vgl. dazu auch Moos et al., Ethik in der Klinikseelsorge, 12: »Die Seelsorgebewegung des 20. Jahrhunderts scheute das Moralisieren wie der Teufel das Weihwasser.« und Jähnichen/Karle, Ethik für die Seelsorge, 283.
50 Udo Schlaudraff, Krankenhausseelsorge und Ethik, in: Michael Klessmann (Hg.), Handbuch der Krankenhausseelsorge, Göttingen 1996, 193–204, hier: 193.
51 Vgl. Ziemer, Seelsorgelehre, 117–122. Vgl. dazu auch Michael Roth, Seelsorgliche Ethik als Positionierungspraxis? Oder: Wenn Ethik praktisch werden will, in: Ursula Roth/Michael Roth (Hg.), Öffentliche Positionierungspraktiken. Kirche in einer pluralen Gesellschaft, Stuttgart 2024, 99–108, hier: 100.
52 Vgl. dazu Jähnichen/Karle, Ethik für die Seelsorge, 280.
53 Vgl. Michael Roth, Theologische Ethik als Wahrnehmungsschule für das Leben. Überlegungen zu einer seelsorgerlichen Ethik, in: Mareile Lasogga/Michael Roth (Hg.), Die Seelsorge als Herausforderung für die Ethik, Texte aus der VELKD 177 (2016), 49–55; Roth, Seelsorgliche Ethik, 100–106; vgl. auch bereits Christoph Schneider-Harpprecht, Was kann die Ethik von der Seelsorge lernen?, in: WzM 58 (2006), 270–282.
54 Vgl. dazu ausführlich Roth, Seelsorgliche Ethik, 107 f.

skriptions- und Deutungsvermögen: Die moralische Signifikanz einer Situation erfolgt aus der subjektiven und subjektiv-bestimmten Deskription der jeweiligen Situation, also daraus, *dass, was daraus* und *wie* eine Situation subjektiv beschrieben wird. Insofern ist Ethik hier eine in diesem Sinne vertiefte Kommunikation.[55] Seelsorge begleitet bzw. unterstützt den subjektiven deskriptiven Prozess einer Person und die daraus für die betroffene Person relevanten Deutungsperspektiven. Dabei verfolgt sie das Anliegen, die Situation gemeinsam mit der betroffenen Person in ihrer moralischen Signifikanz so beschreibbar zu machen, dass sich für diese Person Deutungshorizonte eröffnen oder offen halten. Es geht also dezidiert nicht darum, bestimmte vorgelagerte Werte und Normen mit der konkreten Situation in Einklang zu bringen,[56] sondern quasi mäeutisch Konfliktpunkte und Deutungsperspektiven beschreibbar und deutbar zu machen.

Die ethischen Themenfelder, mit denen Seelsorge grundsätzlich und im Kontext von *Gesundheitsseelsorge* konfrontiert sein kann, sind vielfältig; sie können sich beispielsweise auf den Bereich Lebensanfang (mit Fragen zum Thema Schwangerschaftsabbruch) oder Lebensende beziehen, verbunden mit den Fragestellungen zu den Aspekten Vorsorge, konkrete Entscheidungssituationen (z. B. Therapiezieländerung, Sedierungen), Sterbewünsche und assistierter Suizid sowie Umgang mit Fragilität. Mit allen genannten Themen verknüpft sind grundsätzliche Fragestellungen zur Gestaltbarkeit und Unverfügbarkeit eines Lebens.

Vor dem Hintergrund des skizzierten Ansatzes zur Verhältnisbestimmung von Seelsorge und Ethik sollen im Folgenden zwei ethische Fallbeispiele die Ressourcen des Ansatzes *Gesundheitsseelsorge* konkretisieren.

Fallbeispiel 1: Gertrud und Klaus[57]
Gertrud und Klaus sind seit über 50 Jahren verheiratet und leben in einer mittelstädtischen Region. Klaus ist dort fest verwurzelt; Gertrud hingegen kommt ursprünglich aus Ostpreußen. Die Fluchterfahrung, die sie als Kind gemacht hat, beschäftigt sie noch heute. Ein zentraler Punkt in ihren Erzählungen darüber ist der verhinderte Sturz von einem Fuhrwerk, auf das sie als Kind gesetzt worden war. Dass sie nicht hinuntergefallen und im Treck verloren gegangen ist, empfindet Gertrud bis heute als eine Erfahrung besonderer Bewahrung. Beide strahlen eine große Lebenszufriedenheit aus. Dann erleidet Klaus einen schweren Schlaganfall. Mit Unterstützung eines Pflegedienstes pflegt Gertrud ihn zu Hause, obwohl sie selbst gebrechlich ist. Die Familiensituation verändert sich tiefgreifend. In einem Gespräch mit der Gemeindepfarrerin, die sie immer wieder besucht, berichtet Gertrud unter Tränen von ihrer Überforderung. Diese geht so weit, wie sie erzählt, dass sie in einer Situation mit dem Stock nach Klaus werfen wollte. Dafür schämt sich Gertrud und fühlt sich schuldig.

---

55 Vgl. Reiner Anselm, Common Sense und anwendungsorientierte Ethik. Zur ethischen Funktion Klinischer Ethik-Komitees, in: ders. (Hg.), Ethik als Kommunikation. Zur Praxis Klinischer Ethikkomitees in theologischer Perspektive, Göttingen 2008, 175–195.
56 Vgl. Roth, Seelsorgliche Ethik, 108. Zur Anschlussplausibilität für die Seelsorge vgl. Ziemer, Seelsorgelehre, 143.
57 Alle Namen sind pseudonymisiert, und die Situation ist verfremdet.

Das Fallbeispiel zeigt einige zentrale Aspekt auf, die auf *Gesundheitsseelsorge* bezogen werden können. Grundsätzlich ist festzuhalten, dass das Gespräch überhaupt nur stattfindet, weil die Seelsorgerin durch frühere Besuche und Kontakte eine vertraute Person ist. Dass es sich hier um die Gemeindepfarrerin handelt, ist für Gertrud von Bedeutung, da sie dadurch unausgesprochen davon ausgeht, dass ihre Erzählungen vertraulich und professionell behandelt werden. Andererseits kennt die Pfarrerin die Familie bereits – auch aus der Phase vor der Erkrankung – und kann an frühere Gespräche anknüpfen.

Die Prozesshaftigkeit von Gesundheit und Krankheit bildet somit die Folie des Gesprächs und steht zugleich für eine gemeinsame Erfahrung des Ehepaars, die die Seelsorgerin, zumindest ausschnitthaft, miterlebt hat. Die Veränderung einer gemeinsamen Lebenszeit in Gesundheit hin zu einem Leben in Krankheit und Pflege ist für Gertrud schwer zu bewältigen. Darin enthalten ist eine neue Kontingenzerfahrung, die mit der bisherigen konfligiert: Stand hier bislang die Erfahrung auf der Flucht im Mittelpunkt, so geht es nun um den Schlaganfall des Ehemanns. Aus der Kontingenzerfahrung »Bewahrung« wird hier nun diejenige der »Widerfahrnis«. Vor diesem Hintergrund erzählt Gertrud der Pfarrerin die Situation, die sie am meisten bewegt, nämlich das fast erfolgte Werfen des Stocks nach Klaus. Die geäußerte Scham und die damit ausgedrückte Schuld können seelsorglich aufgenommen und mit der Thematisierung von Vergebung verbunden werden. *Gesundheitsseelsorge* als vernetztes und vernetzendes Angebot kann zugleich eine Sozialität als Gegengewicht zu Einsamkeit und Überforderung herstellen, durch Besuche der Pfarrerin oder eines Besuchskreises, aber auch durch weitere Netzwerke, die eine Gemeinde bzw. ein Sozialraum bereitstellen kann.

Umgangsfähigkeit mit der Prozesshaftigkeit von Gesundheit sowie mit Kontingenzerfahrungen stehen hier als zentrale Aspekte, die *Gesundheitsseelsorge* bei diesem Fallbeispiel einbringen kann. Zugleich bietet diese durch die Stärkung der individuellen Resilienz und das Angebot von Sozialität die Möglichkeit der Prävention, und zwar sowohl bezogen auf Gewalt und Überforderung von pflegenden Angehörigen als auch auf psycho-soziale Krisensituationen.

Fallbeispiel 2: Herr Meier[58]
Herr Meier, über 90 Jahre alt, lebt seit einigen Wochen in einem Pflegeheim. Er leidet an einem Mitralvitium sowie unter Inappetenz und Übelkeit. Dadurch hat er erheblich an Gewicht verloren; aufgrund der Malnutrition ist er inzwischen bettlägerig. Er erhält wegen seiner depressiven Stimmungslage Antidepressiva. Bei ihm wird eine chronisch-atrophische Gastritis diagnostiziert. Er hat keine Schluckstörungen und erhält auf Wunsch »Astronautenkost«. Auch darauf erfolgt keine Gewichtszunahme. Nun steht das Anlegen einer PEG-Sonde zur Diskussion. Herr Meier lehnt dies wiederholt und eindeutig ab. Seine Tochter, die seine gerichtlich eingesetzte Betreuerin ist, will jedoch die PEG-Sonde; es existiert keine Patientenverfügung.

In einer ethischen Fallberatung wären hier Aspekte wie die Klärung des Therapieziels und die entsprechende Indikation bedeutsam. Diskutiert würde, ob die PEG-

---

58 Name ist pseudonymisiert und die Situation verfremdet.

Sonde als Basisbetreuung oder Therapie einzuordnen sei, ob alle Personen über die medizinische Situation aufgeklärt seien und die Grundlage für eine informierte Einwilligung *(informed consent)* gegeben sei. Zentral wäre zudem die Klärung, ob Herr Meier urteilsfähig ist. Trifft dies zu, entscheidet er über die PEG-Sonde. Ist er nicht urteilsfähig, entscheidet die Tochter (als Betreuerin), und zwar, da keine Patientenverfügung vorliegt, aufgrund des mutmaßlichen Willens des Vaters. Das gesamte Verfahren der Beratung orientierte sich dabei an den vier medizinethischen Prinzipien Autonomie, Fürsorge, Nicht-Schaden, Gerechtigkeit[59] und würde am Ende eine Empfehlung für die weitere Behandlung von Herr Meier erarbeiten.

Allerdings: Wäre in diese Fallberatung der Seelsorger aus Herrn Meiers Kirchengemeinde einbezogen, würde hier ein weiterer wichtiger Punkt Gehör finden. Der Seelsorger begleitet Herrn Meier bereits seit längerer Zeit und hat ihn mehrfach besucht, auch, als Herr Meier noch zu Hause lebte. In diesen Gesprächen hat Herr Meier zuweilen über seine Kindheit gesprochen. Er hat den Zweiten Weltkrieg als Kind und Jugendlicher miterlebt. Die ersten Nachkriegsjahre lebte er mit seiner Mutter und den drei Geschwistern in Ostdeutschland, in der Sowjetischen Besatzungszone; erst nachdem der Vater aus der Kriegsgefangenschaft zurückgekehrt war, siedelte die Familie in den Westen über. In Herrn Meiers Erzählungen über diese Zeit war ein immer wiederkehrendes Thema der Hunger, den Herr Meier in diesen ersten Nachkriegsjahren erlebte, und das gute Essen in und mit der Familie, an das er sich aus der späteren Zeit im Westen gern erinnerte.

Der Seelsorger wäre hier die Person, die darauf hinzuweisen in der Lage wäre, dass es für Herrn Meier einen markanten Unterschied zwischen Ernährung bzw. Nahrungsaufnahme und Essen und Mahlzeiten gibt. Dieser spiegelt sich möglicherweise auch in der Entscheidung gegen eine PEG-Sonde wider. Während bei der Tochter – nachvollziehbarerweise – das Dass der Nahrungsaufnahme im Fokus steht, geht es bei ihrem Vater auch um die Art und Weise. Ernährung bedeutet, so ließe sich vermuten, für ihn Essen mit allen Sinnen, idealerweise in Gemeinschaft.

Der Seelsorger, der Herrn Meier auch im Pflegeheim weiter besucht, könnte somit eine wichtige Rolle in der Entscheidungsfindung und deren Plausibilisierung sowie in der Kommunikation übernehmen, sowohl gegenüber dem Team in der Altenpflegeeinrichtung als auch gegenüber der Tochter. Zugleich würde er gegenüber den primär somatisch orientierten medizinisch-pflegerischen Überlegungen den Aspekt der Leiblichkeit hervorheben. Dieser macht sich hier an der genannten Differenz zwischen Ernährung und Essen fest, ist jedoch zugleich mit der Sozialität verbunden, die für Herrn Meier biographisch so wichtig ist, dass er noch Jahrzehnte später darüber spricht.

Der gesamten Entscheidungsfindung inhärent ist der Aspekt des Umgangs mit und der Gestaltung der letzten Lebensphase. Die seelsorgliche Begleitung dieser Phase adressiert grundsätzlich auch die An- und Zugehörigen, sei es in Gesprächen,

---

59 Vgl. Thomas L. Beauchamp/James F. Childress, Prinzipien der Bioethik, Baden-Baden 2024; Georg Marckmann, Grundlagen ethischer Entscheidungsfindungen in der Medizin, in: ders. (Hg.), Praxisbuch Ethik in der Medizin, Berlin ²2022, 3–13.

sei es in Ritualen. Auch dies wäre eine wichtige Aufgabe, die der Seelsorger in dieser Situation übernehmen würde.

Leiblichkeit, Sozialität und Abschied ließen sich hier pointiert in der Frage »Wer is(s)t mit Herrn Meier?« zusammenfassen. Der Seelsorger wäre in diesem Fall derjenige, der diese Frage gemeinsam mit Herrn Meier, dessen An- und Zugehörigen sowie dem Team der Altenpflegeeinrichtung formulieren wie reflektieren könnte und an der Gestaltung einer möglichen Antwort beteiligt sein könnte.

Als Zwischenfazit lässt sich an dieser Stelle festhalten: *Gesundheitsseelsorge* im Kontext einer seelsorglichen Ethik unterstützt *erstens* den subjektiven Prozess der Deskription einer moralischen Signifikanz in einer Situation wie auch die Eröffnung von Deutungsperspektiven. Dabei begleitet sie *zweitens* die Umgangsfähigkeit mit der Erfahrung von Prozesshaftigkeit von Gesundheit. Indem sie Vernetzungsangebote und Formen von Sozialität eröffnet, kann ihr *drittens* ein präventiver Charakter zukommen, z. B. in Bezug auf Überforderungssituationen pflegender Angehöriger. Themen wie Schuld und Vergebung oder Abschiedssituationen können von ihr *viertens* auch in Form von Ritualen aufgenommen werden. Und *fünftens* kann sie im Rahmen eines medizinethischen Klärungsprozesses wie einer ethischen Fallbesprechung stellvertretend Aspekte zur Situation der betroffenen Personen einbringen.[60]

5.4 Vorschlag einer Konkretion – Gesundheitsseelsorge und die *Ars moriendi nova*

»Zu einem langen Leben [gehört] heutzutage in der Regel auch ein langes Sterben«,[61] merken die Medizinhistoriker und Medizinethiker Andreas Frewer, Daniel Schäfer und Christof Müller-Busch in einem Grundsatzessay zu »Überlegungen zu einer neuen Sterbekultur« aus dem Jahr 2012 an. Sie formulieren damit eine Entwicklung und eine Herausforderung, die die Begleitung von Menschen am Lebensende prägen.[62] Die Lebenserwartung von Menschen ist in den vergangenen Jahrzehnten kontinuierlich gestiegen. Zugleich haben sich medizinische Möglichkeiten, auch und gerade am Lebensende, seit dem 20. Jahrhundert grundlegend erweitert. Diese beiden miteinander korrespondierenden Entwicklungen führen zu einer signifikanten Erweiterung von Entscheidungsmöglichkeiten und -notwendigkeiten am

---

60 Für die Teilnahme von Seelsorgepersonen an ethischen Fallberatungen ist generell auf ein mögliches Konfligieren mit der seelsorglichen Schweigepflicht hinzuweisen. Dieser Punkt müsste auch für die *Gesundheitsseelsorge* in diesem Kontext in den Blick genommen werden.

61 Daniel Schäfer/Andreas Frewer/Christof Müller-Busch, Ars moriendi nova. Überlegungen zu einer neuen Sterbekultur, in: dies. (Hg.), Perspektiven zum Sterben. Auf dem Weg zu einer neuen Ars moriendi nova? Stuttgart 2012, 15–23, hier: 19.

62 Vgl. hierzu und zum Folgenden ausführlich Dorothee Arnold-Krüger, Todesangst und Sterbekunst Todesangst und Sterbekunst. Corona und die *ars moriendi (nova)*, in: ZfmE 67 (2021), 559–573; Dorothee Arnold-Krüger, Der Friedhof als offene Frage. Eberhard Jüngels »Ganztod«-Theologie und die »Ars moriendi nova«, in: Dirk Pörschmann/Tobias Hack/Malte Dominik Krüger (Hg.), Die (Un-)Sichtbarkeit der Toten. Theologisches am Friedhof (im Druck).

Lebensende. Mit ihnen verbunden sind individuelle, familiäre, organisationale, und auch gesellschaftliche Aushandlungsprozesse. Diese werden teils mit großer Vehemenz geführt, wie sich beispielsweise an den umfangreichen Diskursen ablesen lässt, die nach dem Urteil des deutschen Bundesverfassungsgerichts aus dem Jahr 2020 und der Abschaffung des § 217 StGB zum Assistierten Suizid stattgefunden haben.

Zugleich bedeuten die mit dem medizinischen Fortschritt einhergehende Möglichkeiten aber auch, dass das Individuum zum Akteur, zum gestaltenden Subjekt seiner letzten Lebensphase wird. Diese soll möglichst kongruent zum vorangegangenen Leben sein und zugleich eine individuelle Deutung dessen spiegeln, was als »Danach« – nach dem Tod – kommen mag oder erwartet wird. Über die individuelle Person und Lebenssituation hinausgehende Verbindlichkeiten, Traditionen und Verhaltensweisen, die religiös, kulturell oder sozial geprägt sein können, stehen dabei nicht primär im Fokus. Vielmehr obliegt es der je einzelnen Person, Haltungen, Werte und Umgangsweisen mit dem Thema Tod und Sterben zu entwickeln, die sich in der Gestaltung des eigenen Lebensendes ausdrücken können. Hierbei wie auch bei allen Möglichkeiten der individuellen Vorsorge – Patientenverfügung, Vorsorgevollmacht oder Advance Care Planning – steht die Selbstbestimmung der jeweiligen Person im Fokus, und zwar sowohl als Abwehrrecht wie auch als Ausdruck des jeweils Gewünschten. Der Mediziner und Medizinethiker Giovanni Maio bezeichnet daher die Autonomie und deren Anerkennung durch andere als »Garanten einer für alle akzeptablen Ethik«.[63]

Vor dem Hintergrund einer komplexen Diskurslage und Gestaltungsaufgabe stellten Andreas Frewer, Daniel Schäfer und Christof Müller-Busch »Überlegungen zu einer neuen Sterbekultur« vor und eröffneten unter der Überschrift *Ars moriendi nova* zugleich eine neue Debatte und eine Buchreihe zum Thema Tod und Sterben in der Spätmoderne.

Dieses Thema lässt sich den Autoren zufolge anhand von drei Punkten charakterisieren. *Erstens* ist das Sterben professionalisiert und medikalisiert. Zu der vermeintlichen Gestaltbarkeit und -möglichkeit der letzten Lebensphase kann damit in der Praxis ein deutliches Gegengewicht gesetzt sein: Der gewünschten Art und Weise des Sterbens steht oftmals ein Sterbeprozess mit »vielfältigen und komplexen Problemen«[64] gegenüber, der daher medizinisch und professionell begleitet sein muss. *Zweitens* hinterlässt die individualisierte Gestaltung von Bestattungsriten und eine Privatisierung von Trauer eine Leerstelle, die nach Ansicht der Autoren nicht so gefüllt werden kann, dass sie in ihrer jeweiligen individuellen Ausprägung überindividuell geteilt wird.[65] In einer wertepluralen Gesellschaft bleibt daher der Minimalkonsens übrig, wonach die Schutzwürdigkeit von sterbenden und verstorbenen Menschen bejaht wird.[66] Dieser Minimalkonsens markiert den *dritten Punkt*: Aufgrund des Trends zur »Säkularisierung, Liberalisierung, Individualisierung, Pluralisierung, Ökonomisierung und Technisierung«[67] ist von einem verbindlichen Ge-

---

63 Giovanni Maio, Mittelpunkt Mensch: Ethik in der Medizin, Stuttgart 2012, 121.
64 Vgl. Schäfer/Frewer/Müller-Busch, Ars moriendi nova, 16.
65 Vgl. Schäfer/Frewer/Müller-Busch, Ars moriendi nova, 17.

samtkonzept in Bezug auf das Thema Tod und Sterben generell und im Umgang damit nicht mehr auszugehen.

Die von den Autoren diskutierte *Ars moriendi nova* versteht sich dabei weniger als Programmatik als vielmehr als Anliegen, die Auseinandersetzung mit dem Lebensende als existentielle Verhältnisbestimmung zum Sterben zu begreifen, die über das Somatische hinausgeht.[68] Mit der Bezeichnung *Ars moriendi nova* wird an die spätmittelalterliche *Ars moriendi* angeknüpft, wenngleich diese nicht einfach in die Spätmoderne übertragen werden kann.[69] Beide *Artes* verbindet, dass es ihnen um die Möglichkeit geht, sich auf das eigene Sterben vorzubereiten. Allerdings stehen jeweils unterschiedliche (kultur-)historische Ausgangsituationen im Hintergrund, die zudem in ihrer religiösen Prägung verschieden sind. Dies ist insofern von Bedeutung, als die spätmittelalterliche *Ars moriendi* auf das Jenseits ausgerichtet ist. Dass ein menschliches Leben endlich ist, wird hier mit einer auf das Jenseits bezogenen Trostperspektive verbunden. Aus einer bestimmten Jenseitsperspektive werden jedoch auch Normen für das diesseitige Leben abgeleitet.[70] Die *Ars moriendi nova* dagegen versteht sich als weltanschaulich neutral und ist vornehmlich auf den Sterbeprozess, wie er im Diesseits stattfindet, fokussiert. Die individuelle Lebens- und Sterbesituation steht dabei im Mittelpunkt. An dieser multireligiösen Offenheit ist durchaus Kritik geäußert worden. So diskutiert die Ethikerin Nina Streeck die Implikationen eines »Sterbens ohne Jenseitsperspektive« und die Herausforderungen, die durch eine rein ins Diesseits verlagerte Deutung des eigenen Lebens und Sterben entstehen können.[71]

Die *Ars moriendi nova*, so lässt sich zusammenfassen, verortet das Sterben ganz im Diesseits. Damit ist eine Jenseitsperspektive zwar nicht ausgeschlossen, sie steht jedoch, anders als bei der *Ars moriendi*, nicht im Mittelpunkt. Die Diesseitigkeit des Sterbens ermöglicht eine Gestaltung, Vorbereitung und Kommunikation über wie auch Thematisierung von Sterben als etwas Höchstpersönliches, das je individuell gedeutet und gestaltet wird. Zugleich ist damit ein solidarischer und begleitender Umgang mit Sterbenden und ihren An- und Zugehörigen verbunden.

---

66 Vgl. Schäfer/Frewer/Müller-Busch, Ars moriendi nova, 17, und ausführlich Reimer Gronemeyer, Von der Lebensplanung zur Sterbeplanung. Eine Perspektive der kritischen Sozialforschung, in: Petra Gehring/Marc Rölli/Maxine Saborowksi (Hg.), Ambivalenzen des Todes. Wirklichkeit des Sterbens und Todestheorien heute. Darmstadt 2007, 51–59, hier besonders: 52.
67 Schäfer/Frewer/Müller-Busch, Ars moriendi nova, 17; vgl. auch Heinz Rüegger/Roland Kunz, Über selbstbestimmtes Sterben – Zwischen Freiheit, Verantwortung und Überforderung, Zürich 2020.
68 Jean-Pierre Wils spricht in Bezug auf die *Ars moriendi nova* von einer »Such- und Protestformel«, Jean-Pierre Wils, Gibt es eine »ars moriendi nova«? in: Bioethica Forum 7 (2024), 131–136, hier: 135.
69 Zur Diskussion und der Abgrenzung der beiden *Artes* vgl. auch Arnold-Krüger, Todesangst, 564–566.
70 Vgl. Arnold-Krüger, Todesangst, 562.
71 Nina Streeck, Nicht für immer. Ars moriendi nova – Sterbekunst ohne Jenseitsperspektive, in: Hermeneutische Blätter, Themenheft »Für immer«, Zürich 2016, 150–160, hier: 160.

Nimmt man die Überlegungen einer *Ars moriendi nova* als Kontext, innerhalb dessen das Konzept einer *Gesundheitsseelsorge* diskutiert wird, so zeigen sich interessante Anknüpfungspunkte. Diese betreffen *erstens* die Eröffnung der Perspektive »Diesseits – Jenseits«. Dass die menschliche Existenz als Prozess des »Lebens, Reifens, Sterbens« begriffen werden kann, kommt besonders in den Fokus, wenn diese Existenz im Horizont ihrer Endlichkeit wahrgenommen wird. Gerade am Lebensende kommen teils auf die jeweilige Biographie bezogene Fragen (»Was war – gut, schwierig, gelungen? Was bleibt offen?«) in den Blick, die ein Leben im Rückblick deuten. Daneben tritt die Frage »Was kommt?«. Der Sterbeprozess als Prozess des Übergangs in etwas Offenes, nicht Antizipierbares beschließt damit den Prozess des »Lebens, Reifens, Sterbens« und eröffnet zugleich etwas Ungewisses, dem Menschen Entzogenes. Die Entzogenheit dessen, was am Ende des Prozesses steht bzw. »danach« kommt, geht nicht allein einem »guten« oder »gelungenen« Sterben auf, das antizipiert und gestaltet werden kann. Im Sinne von Ganzheit und Kontrafaktizität[72] kann ein Deutungs- und Hoffnungshorizont damit verbunden werden. Dieser löst die Entzogenheit zwar nicht auf, bietet aber die Möglichkeit von Sprache und Sprachbildern, Symbolen wie auch Ritualen, die eine (individuelle wie auch überindividuelle) Deutungsperspektive eröffnet.

Zugleich formuliert *Gesundheitsseelsorge* hier ein christliches Angebot, welches die existentielle Verhältnisbestimmung zum Sterben in einen bestimmten religiösen Kontext setzt,[73] allerdings – anders als in der spätmittelalterlichen *Ars moriendi* – ohne dass damit Normen verbunden sind. Das Seelsorgeangebot ist hier eher als religiöse Sozialität in der letzten Lebensphase zu verstehen.[74] Eine seelsorgliche Ethik, wie sie im Anschluss an Michael Roth oben skizziert wurde, eröffnet und unterstützt hier die Deskriptions- und Deutungsmöglichkeiten wie auch der Umgangsfähigkeit damit, und zwar bezogen auf die einzelne Person, wie auch mit An- und Zugehörigen.

Insofern trägt *Gesundheitsseelsorge* in die Überlegungen einer *Ars moriendi nova* zwei Aspekte ein: Die weltanschauliche Offenheit wird in ein religiöses Angebot konkretisiert, mit dem bestimmte Deutungs- und Hoffnungsperspektiven verbunden sind. Diese können in einer spezifischen Kommunikation, in Symbolen und Ritualen ihren Ausdruck finden. Wenn mit der *Ars moriendi nova* das Sterben ins Diesseits geholt wird und damit eine Verbalisierungs- und Gestaltmöglichkeit er-

---

72 Vgl. Abschnitt 2.
73 Dieses Angebot ist selbstverständlich auch im Rahmen anderer Religionen zu denken. Hier müsste dann die spezifische Deutung von Sterben und Tod der jeweiligen Religion in den Blick genommen werden. Da an dieser Stelle von einer christlich fundierten Seelsorge im Rahmen einer institutionalisierten christlichen bzw. evangelischen Kirche ausgegangen wird, kann dieser Aspekt an dieser Stelle nur aufgezeigt, jedoch nicht weiter diskutiert werden.
74 In der späteren Form der *Ars moriendi* findet sich dieser Aspekt z. B. in dem Gedanken eines tröstenden Gesprächs in Gemeinschaft und der Person des *amicus*/der *amica*, die der sterbenden Person freundschaftlich zur Seite steht. Vgl. dazu Austra Reines, Art. Ars moriendi – Ritual- und Textgeschichte, in: Héctor Wittwer/Daniel Schäfer/Andreas Frewer (Hg.), Handbuch Sterben und Tod. Geschichte – Theorie – Ethik, Berlin ²2020, 202–209.

hält, es also in diesem Sinne »(be)greifbar« gemacht wird, so verweist die *Gesundheitsseelsorge* auf eine Jenseitsperspektive und verbindet sie ihrerseits mit spezifischen religiös fundierten Deutungsangeboten und Sprachbildern. Das ins Diesseits geholte Sterben wird damit wieder zu einem Sterben ins Jenseits hinein, das in christlicher Deutung und einem damit verbundenen Hoffnungshorizont kommuniziert wird. Dieses Angebot wird strukturell klar gebunden an Seelsorgepersonen, die Menschen am Lebensende kontinuierlich seelsorglich – auch an wechselnden Orten (häusliche Umgebung, Klinik, Altenpflegeeinrichtung) – begleiten.

5.5 Fazit und Perspektiven

»Gesundheit« ist ein kontextsensibler und multiperspektivischer Begriff, auf den sich eine die lebensweltliche Kontinuität von Personen unterstützende *Gesundheitsseelsorge* gut beziehen kann. Hierbei kann (christliche) Religion als eine an Ganzheit und Kontrafaktizität orientierte Lebensdeutung zur Bewältigung von Kontingenz beitragen. Dies kann sich in situativen Krisen (insbesondere am Anfang und Ende und bei der Gefährdung des Lebens) bewähren, denen als solche eine seelsorgliche und ethische Dimension zukommt. In solchen Krisen geht es darum, ganzheitliche und kontrafaktische Deutungsperspektiven zu eröffnen oder offen zu halten, sodass es im äußersten Fall zu einem annehmenden Umgang mit der eigenen Endlichkeit kommen kann (z. B. in der *Ars moriendi nova*). Durch die Perspektive der *Gesundheitsseelsorge* können ethische Themen neu und anders eingeordnet werden, nämlich einerseits in stärkerer Kontinuität zum persönlichen Alltagsleben und andererseits – dadurch dann auch – in einer krisenhaften Zuspitzung des Lebens: als seelsorgliche Ethik verstanden eröffnet die seelsorgliche Begleitung die Deskription einer moralischen Signifikanz wie auch die Formulierung von Deutungsperspektiven. Insofern sind ethische Themenverschiebungen *in der Gesundheitsseelsorge* letztlich ethische Themenverschiebungen *durch* die *Gesundheitsseelsorge*. Ob sich damit eine Prävention ethischer Konflikte verbinden kann, muss sich in der Praxis erweisen. Es deutet sich aber an, dass zumindest für ethische Entscheidungssituationen ein wichtiger Beitrag durch eine:n Gesundheitsseelsorger:in eingebracht werden kann, indem durch das Seelsorgeangebot die Deskription der moralischen Signifikanz für die betroffene Person unterstützt und diese subjektive Deutungsperspektive im jeweiligen biographischen Kontext verortet werden kann.

In Bezug auf eine dezidiert auf Kontinuität setzende *Gesundheitsseelsorge* und eine seelsorgliche Ethik, die stark an Krisensituationen gebunden ist, wäre zu diskutieren, ob es hier eine Spannung gibt: Während eine seelsorgliche Ethik, auf die sich dieser Beitrag bezieht, sich situativ konkretisiert und ganz auf die jeweils vorfindliche Situation fokussiert, steht *Gesundheitsseelsorge* gerade für Kontinuität. Daran schließt sich als weitere Frage diejenige nach einer Spannung zwischen der Wechselseitigkeit von Seelsorge und Ethik generell an. Bezogen auf die *Gesundheitsseelsorge* wäre hier zumindest darauf zu verweisen, dass in ethischen Konfliktsituationen eine Deutungsperspektive – auch wenn sie situativ und subjektiv formuliert ist – nicht ohne einen Horizont auskommt, der sich aus verschiedenen Kontinuitäten – sei es biographisch, kulturell, religiös – zusammensetzt. Auch höchst individuelle Perspektiven stehen in einem Kontext.

Eine Seelsorge, die besonders die Prozesshaftigkeit von und die Umgangsfähigkeit mit Gesundheit im Blick hat und dies verbindet mit einer Beziehungsebene, die idealerweise bereits seit längerem besteht, kann hier zweierlei einbringen: Sie kann auf jenen Horizont verweisen, im Rahmen dessen Deutungsperspektiven entstehen oder entstanden sind, und sie kann genau diese Deutungsperspektiven situativ mit erarbeiten. Dieses inhaltlich doppelte Proprium hat, so könnte man einwenden, jede Form von Seelsorge – möglicherweise nicht in der expliziten Fokussierung auf Gesundheit, aber doch insofern, als ein Mensch in seiner ganzen Leiblichkeit im Blick ist. Damit verbindet sich hier jedoch ein struktureller Aspekt: *Gesundheitsseelsorge* ist mitgehende Seelsorge. Sie setzt biographisch und bezogen auf den Lebensalltag der jeweiligen Person an, als aufsuchendes Seelsorgeangebot, und begleitet über lange Zeit, eventuell bis zum Lebensende. Als solche kann sie als Teil und Angebot einer *Caring Community* gefasst und darin entwickelt werden.[75]

Als christliches Angebot mit ausdrücklicher kirchlicher Rückbindung mag ihr darin besonders vor dem Hintergrund der aktuellen Strukturprozesse in den Kirchen eine weitere Aufgabe zukommen, die Jean-Pierre Wils für die *Ars moriendi nova* formuliert hat: Die Aufgabe einer Such- und Protestformel,[76] die ein Seelsorgeangebot vorschlägt, das sich den Herausforderungen der spätmodernen Lebens- und Sterbesituationen stellt und bereit ist, sich entsprechend zu transformieren, zu qualifizieren – und dennoch das theologisch-kirchliche Proprium nicht aufgibt.

---

75 Vgl. Noth, Gesundheitsseelsorge, 34.
76 Vgl. Wils, Ars moriendi nova, 135.

6. Kirche als gesundheitssorgende Gemeinschaft im Sozialraum. Von kirchentheoretischen Diskursen zu praktischen Herausforderungen

Uta Pohl-Patalong

Anders als bei vielen anderen poimenischen Themen ist für die Gesundheitsseelsorge die kirchentheoretische Perspektive unmittelbar relevant. Dieses Konzept hängt ganz unmittelbar mit dem Selbstverständnis, den Aufgaben, der gesellschaftlichen Relevanz und vor allem auch mit den Gestalten von Kirche zusammen: Sie beruht auf einem bestimmten Bild von Kirche und postuliert dieses gleichzeitig.

Was ist das für ein Kirchenbild, was mit dieser Idee von Gesundheitsseelsorge verbunden ist – und welche Konsequenzen hat dies gleichzeitig für das kirchliche Handeln und ihre Gestalt? Dieser Frage möchte ich mich im Folgenden so nähern, dass ich relevante Aspekte des Konzepts von Gesundheitsseelsorge identifiziere, die in aktuelle kirchentheoretische Diskurse hineinführen. Diese Diskurse spezifiziere ich im Blick auf Gesundheitsseelsorge. Anschließend frage ich nach den Herausforderungen, die sich daraus für die Umsetzung im kirchlichen Kontext ergeben. Fünf solcher Aspekte werden im Folgenden vorgestellt, von denen jeweils zwei eng zusammenhängen, aber doch noch einmal eigene Akzente setzen.

6.1 Orientierung am Thema (versus an Handlungsfeldern)

Im Konzept der Gesundheitsseelsorge wird der Kirche die Aufgabe zugesprochen, sich nicht ausschließlich, aber wesentlich dem Thema »Gesundheit« zu widmen, das in einer bestimmten Weise definiert wird. Eine solche Themenorientierung steht quer zu der Tradition, Kirche nach Handlungsfeldern zu strukturieren (die thematisch dann unterschiedlich gefüllt werden können): Bildung, Diakonie, Gottesdienst oder eben Seelsorge.

Auf der Theorieebene bildet sich dies in den praktisch-theologischen Disziplinen ab, die bis heute die Praktische Theologie strukturieren, sei es in Lehrbüchern, in der Nomenklatur für Professuren, im Studienaufbau, in Zeitschriften oder Publikationsreihen. Dies ist immer wieder kritisiert und alternativ versucht worden, sowohl weil es einer traditionellen pfarrberuflichen Logik folgt, als auch, weil sich darunter bestimmte Perspektiven wie beispielsweise die religiöse Situation heute, die Subjektorientierung oder die Bedeutung der Empirie darunter nicht subsummieren lassen und der Blickwinkel potenziell verengt wird. Eine besonders vehemente Kritik kam in den 1980er Jahren von Gert Otto, der in seinem Band »Grundlegung der Praktischen Theologie« mit »Reflexionsperspektiven« einen alternativen Aufriss probiert hat, in dem Folgeband »Handlungsfelder der Praktischen Theologie« faktisch aber wieder zu den Subdisziplinen zurückgekehrt ist.[1] Anders versucht hat es auch Wolfgang Steck in seiner zweibändigen Praktischen Theologie, allerdings um den Preis, dass das 1300 Seiten umfassende Werk mit einem außerordentlich komplexen Aufbau nur eine geringe Rezeption erfahren hat.[2] Noch einmal anders ist Christian Grethlein mit seiner Praktischen Theologie vorgegangen, der sein eigenes Konzept der Leitformel »Kommunikation des Evangeliums« zum Strukturprinzip des Buches gemacht hat.[3] Vorherrschend ist jedoch nach wie vor eine Orientierung der wissenschaftlichen Reflexion an Handlungsfeldern, die tendenziell auch stärker auf formaler Ebene bearbeitet werden und weniger auf thematisch-inhaltlicher (so hat auch die »materiale Homiletik« neben der »formalen« einen deutlich geringeren Stellenwert).

»Gesundheitsseelsorge« fügt sich in diese Logik bereits auf der Theorieebene nur bedingt ein. Sie ist nicht so klar in der Poimenik zu verorten, wie der Begriff zunächst suggeriert, denn es gibt – wie die Beiträge des Buches zeigen –, zumindest klare Bezüge zur Religionspädagogik und zur Diakonie, möglicherweise auch zur Homiletik. Insofern verlässt die thematische Orientierung an der Gesundheit die klassische Logik der Praktischen Theologie, was Chancen bietet, aber auch Herausforderungen für die Praxis.

Denn auch im realen kirchlichen Leben strukturieren sich das Gemeindeleben und die Tätigkeiten der Hauptberuflichen überwiegend nach Handlungsfeldern. Selbstverständlich gibt es seelsorgliche Aspekte in der Konfi-Zeit oder im Senior*innenkreis, diakonische Elemente in der Seelsorge und Momente religiöser Bildung im Kasualgespräch, aber in der gemeindlichen Organisation mit der Frage, welche Person wofür zuständig ist, zu welchen Zeiten was stattfindet oder welchen Umfang der Arbeitszeit welcher Bereich einnimmt, ist die Handlungsfeldorientierung dominant. Die thematische Orientierung irritiert aber nicht nur diese Logik, sondern sie greift auch stärker inhaltlich in die Gestaltung der gemeindlichen Arbeit ein, als es die wissenschaftliche Reflexion sonst tut: Sie reflektiert nicht nur die Bedingungen, Ziele, Formen und Möglichkeiten kirchlichen Handelns, sondern setzt ein Thema. Da die Gemeinden eigenständige Einheiten sind und die Freiheit vor allem der Pfarrpersonen ein hohes Gut ist, bedeutet dies, dass eine Umsetzung des Konzepts einen breit angelegten Rezeptionsprozess erfordern würde – mit einem unsicheren und vermutlich zumindest heterogenen Ergebnis. Verpflichten kann man Gemeinden und Hauptamtliche dazu kaum – und es wäre auch nicht zielführend, denn das Konzept lebt von intrinsischer Motivation und Engagement. Gerade in der aktuellen Situation von Sparzwängen, Überlastungen und Umstrukturierungen ist eine hohe Plausibilisierung des Konzepts und überhaupt der Bedeutung des Themas »Gesund-

---

1 Vgl. Gert Otto, Grundlegung der Praktischen Theologie, München 1986; ders., Handlungsfelder der Praktischen Theologie, München 1988.
2 Wolfgang Steck, Praktische Theologie. Horizonte der Religion – Konturen des neuzeitlichen Christentums – Strukturen der religiösen Lebenswelt (2 Bde.), Stuttgart 2000 und 2011.
3 Christian Grethlein, Praktische Theologie, Berlin/Boston 2012.

heit« als neue Aufgabenstellung der Kirche erforderlich – zumal es eben die gewohnte Handlungsfeldlogik irritiert.

6.2 Enge Vernetzung von parochialer und nicht-parochialer Logik (versus ihrer Dichotomie)

In der Gesundheitsseelsorge geht die gedankliche Figur von der Spitalseelsorge aus, richtet sich dann auf die örtliche Gemeinde und bezieht die Spital- und auch Heimseelsorge dann wieder in das Konzept ein. Aufgerufen wird dabei der Diskurs um die kirchlichen Sozialformen mit ihrer eigentümlichen Gestalt, die sie vor allem in der Schweiz und in Deutschland angenommen hat: Dominant ist eine territoriale Logik, die das Prinzip der Flächendeckung mit dem Anspruch auf persönlichen Kontakt der Gemeindeglieder untereinander und zu den Hauptamtlichen, besonders zur Pfarrperson sowie ein möglichst breites Angebot »vor Ort« verbindet.[4] Die Ortsgemeinde ist traditionell generalistisch zuständig für alle Kirchenmitglieder ihrer Konfession, die nach ihrem ersten Wohnsitz einer Gemeinde zugewiesen werden. In der Praxis hat sich dies vor allem in den Städten längst relativiert, aber auch dort zeigen sich vielerorts nur Spuren dieser parochialen Idee von christlicher Gemeinschaft – und von außen wird diese Logik in der Regel als Charakteristikum von Kirche wahrgenommen.

Daneben existierten jedoch schon immer Gestalten von Kirche in anderen, nicht-parochialen Logiken, in der Alten Kirche und im Mittelalter vor allem repräsentiert durch die Orden, um die sich beispielsweise im 12. und 13. Jh. auch Personalgemeinden bildeten.[5] Seit dem 19. Jh. bildeten sich Gemeinden in sog. »funktionaler« Logik, beginnend mit der Militärseelsorge, auf die Krankenhaus- und Gefängnisseelsorge sowie Studierendengemeinden, Schausteller*innenseelsorge sowie kirchliche Arbeit für Menschen mit bestimmten Einschränkungen folgten.[6] Die Logik dahinter war zunächst eine Ergänzung der Parochie, die deren Defizite abdecken sollte: Wer aus bestimmen Gründen nicht zur Ortsgemeinde kommen konnte oder wollte, sollte anderweitig erreicht und kirchlich integriert werden. Mit Formen wie der Urlaubs- oder der Flughafenseelsorge oder diversen Formen religiöser Bildungsarbeit wie die kirchlichen Akademien, überregionale Frauen-, Männer- oder Jugendarbeit sowie jetzt teilweise queersensibler Arbeit, aber auch Einrichtungen wie dem Kirchlichen Dienst in der Arbeitswelt oder Kirche im Dialog wird diese Ursprungsidee

---

4   Vgl. dazu ausführlich Uta Pohl-Patalong, Kirche gestalten. Wie die Zukunft gelingen kann, Gütersloh ³2022, 77–98.
5   Vgl. Uta Pohl-Patalong, Ortsgemeinde und übergemeindliche Arbeit im Konflikt. Eine Analyse der Argumentationen und ein alternatives Modell, Göttingen 2003, 77–81.
6   Vgl. Philipp Elhaus, Vermessung eines komplexen Feldes. Dienste, Werke und Einrichtungen als landeskirchliche Organisations- und Sozialform – ein Überblick, in: ders./Uta Pohl-Patalong (Hg.), Fluide Formen von Kirche. Dienste, Werke und Einrichtungen in Gesellschaft und Kirche des 21. Jahrhunderts, Stuttgart 2024, 21–46, hier: 24 f.

seit den 1960er Jahren überschritten zugunsten der Idee einer Verbreiterung der kirchlichen Kontaktflächen. Diese wurden zumindest in Deutschland besonders in den 1970er Jahren ausgebaut, nachdem die Kirchenreformbewegung die Milieuverengung der parochialen Gemeinden deutlich gezeigt hatte.[7] Auch in diesen gab es Aufbrüche, um mehr und andere Menschen zu erreichen, die jedoch nur begrenzten Erfolg hatten und bis heute haben: Ortsgemeinden in parochialer Gestalt sind (zumindest in Deutschland) bleibend für ein Minderheit von 10–15% der Kirchenmitglieder attraktiv, die statistisch überwiegend älter, weiblich, besser situiert, gebildeter und vor allem in ihren Lebensbezügen am Nahbereich orientiert sind.[8] Als die dominante Gestalt von Kirche prägt dies das Bild von ihr und trägt nicht unwesentlich dazu bei, dass die Mehrheit von Kirchenmitgliedern und erst recht von Nicht-Kirchenmitgliedern nur schwer Zugang zur kirchlichen Arbeit und mit dem Rückgang der religiösen Sozialisation in der Familie damit auch zu christlichen Inhalten bekommt. In der Spitalseelsorge ist das anders – hier gibt es Interesse von und Kontakt zu Menschen, die in der parochialen Gestalt keine Zugangspunkte für sich finden. Auch insgesamt haben nicht-parochiale Einrichtungen nicht durchgehend, aber häufig die Chance, anderen Menschen Zugänge zu christlichen Inhalten zu eröffnen als die Kirchengemeinde.[9]

Gleichzeitig ist diese »Zweigleisigkeit« kirchlicher Strukturen nicht unproblematisch und in einer finanziell und personell so angespannten Situation wie im Moment auch kaum sinnvoll.[10] Manchmal wird daher sowohl in Kirchenleitungen als auch an der (gemeindlichen) Basis diskutiert oder gar favorisiert, die Ressourcen in der Kirchengemeinde zu konzentrieren. Dies dürfte jedoch den Relevanzverlust der Kirchen enorm beschleunigen und erscheint auch kaum vereinbar mit dem kirchlichen Auftrag, das Evangelium mit »aller Welt« zu kommunizieren. Insofern hat das mit der Gesundheitsseelsorge verbundene Modell einer Überwindung von parochial und nicht-parochialer Logik gerade heute einen wirklichen Charme: Dass sich verschiedene Gestalten von Kirche gemeinsam und möglichst konkurrenzarm einem Thema widmen und dabei eng zusammenarbeiten, erscheint kirchentheoretisch von der Idee her sehr überzeugend.

---

7 Vgl. Pohl-Patalong, Ortsgemeinde, 110–125.
8 Vgl. Uta Pohl-Patalong/Wolfgang Ilg/Christopher Jacobi/Klaus Kießling/Jan Loffeld, Kontakte zu kirchlichen Einrichtungen und Personen, in: Sozialwissenschaftliches Institut der EKD/Katholische Arbeitsstelle für missionarische Pastoral (Hg.), Wie hältst du's mit der Kirche? Zur Relevanz von Religion und Kirche in der pluralen Gesellschaft. Analysen zur 6. Kirchenmitgliedschaftsuntersuchung, Leipzig/Baden-Baden 2024, 392–408.
9 Vgl. dazu Uta Pohl-Patalong, Dienste, Werke und Einrichtungen als Impulsgeberinnen für die Zukunft der Kirche? Kirchentheoretische Überlegungen, in: Philipp Elhaus/dies. (Hg.), Fluide Formen von Kirche. Dienste, Werke und Einrichtungen in Gesellschaft und Kirche des 21. Jahrhunderts, Stuttgart 2024, 139–153.
10 Vgl. dazu Steffen Schramm, Gestaltungsfähig im Kontext. Was die Zukunft der Dienste und Werke mit der Zukunft der Kirche zu tun hat, in: Philipp Elhaus/Uta Pohl-Patalong, Fluide Formen von Kirche. Dienste, Werke und Einrichtungen in Gesellschaft und Kirche des 21. Jahrhunderts, Stuttgart 2024, 185–210.

Für die praktische Umsetzung sind jedoch erneut Herausforderungen zu bedenken. So ist eine Zusammenarbeit zwischen den parochialen und den nicht-parochialen Gestalten von Kirche wenig eingeübt und mit gegenseitigen Wahrnehmungs- und Akzeptanzproblemen sowie einem erheblichen Maß an Konkurrenz belastet. Diese müssen nicht nur abgebaut werden, sondern es muss auch der Wert einer gemeinsamen Arbeit erlebt und geschätzt werden – zumal die Zusammenarbeit (wie die neue Thematik) überhaupt erst einmal als zusätzliche Belastung empfunden werden dürfte. Damit eine gelingende Zusammenarbeit nicht nur vom guten Willen der vor Ort Beteiligten und von hinlänglicher Sympathie abhängig bleibt, wäre ein durchdachtes Rahmenkonzept erforderlich. Es bräuchte eine so klare Struktur, dass vor Ort nicht alles neu erfunden werden muss, und gleichzeitig so viel Spielraum, dass diese flexibel vor Ort gefüllt werden kann. Wichtig wäre, dass dies nicht mit Ressourcenkonzentration, Stellenstreichungen o. ä. verbunden wird, weil dies die Offenheit dafür torpedieren würde.

6.3 »Geh-Struktur« (versus »Komm-Struktur«)

Das Konzept der Gesundheitsseelsorge ist als »aufsuchend« zu beschreiben: Es lädt (überwiegend) nicht Menschen in die kirchlichen Räume zu zeitlich definierten Veranstaltungen ein, sondern begibt sich in die Lebenswelten von Menschen.

Diese Ausrichtung kirchlicher Arbeit wird seit den 1970er Jahren vorgeschlagen und diskutiert.[11] Dafür spricht nicht nur die Erkenntnis, dass die Schwelle in kirchliche Räume und in eine bestehende Form sozialer Vergemeinschaftung hoch ist (zumal wenn sie von bestimmten Milieus geprägt ist), sondern es sind auch theologische Gründe für eine solche Orientierung zu nennen. Einerseits ist erneut auf den universalen kirchlichen Auftrag zu verweisen, der eine Einschränkung auf bestimmte Sozialformen verbietet und andererseits werden in einem »spatial turn« theologische Dimensionen des Sozialraums betont: »Aus theologischer Sicht amalgieren im Sozialraum die soziale und spirituell-transzendente Perspektive [...]. In ihm ›berühren sich Himmel und Erde‹. Die soziale Dimension des Raumes trägt die Dimension der Transzendenz in sich.«[12]

Seit den 2000ern wird eine solche »Geh-Struktur« am intensivsten im Rahmen des gemeinwesenorientierten bzw. sozialraumorientierten Ansatzes diskutiert.[13] Folgt man diesem, lädt die Kirche nicht zu ihren Angeboten ein, sondern wirkt für

---

11 Exemplarisch genannt seien hier nur die Beiträge in: Hans Jochen Margull (Hg.), Mission als Strukturprinzip. Ein Arbeitsbuch zur Frage missionarischer Gemeinden, Genf 1965.
12 Martin Lörsch, Prinzipien sozialräumlicher Pastoral, in: Futur 2 (2013-1) (https://www.futur2.org/article/prinzipien-sozialraeumlicher-pastoral/, Zugriff am 3.3.2025); vgl. auch Gerhard Wegner, Epiphanes Quartier? Zur geistlichen Lektüre von Sozialräumen, in: PrTh 58 (2023), 110–117.
13 Vgl. dazu Astrid Giebel/Sebastian Borck/Anke Homann (Hg.), Wechselwirkungen im Gemeinwesen. Kirchlich-diakonische Diskurse in Norddeutschland, Berlin 2016; Georg Lämmlin/Gerhard Wegner (Hg.), Kirche im Quartier. Die Praxis. Ein Handbuch, Leipzig 2020.

und vor allem mit Menschen im Dorf oder im Stadtteil. Sie engagiert sich – oft gemeinsam mit anderen kirchlichen, meist diakonischen Einrichtungen, aber auch mit säkularen Akteur*innen – für den Stadtteil oder das Dorf und arbeitet an der Verbesserung der dortigen Lebensbedingungen. Die Menschen vor Ort werden als gleichberechtigte Partner*innen gesehen und in ihren Selbsthilfe- und Teilhabemöglichkeiten unterstützt. Dieses Handeln richtet sich dezidiert nicht nur an Kirchenmitglieder und es ist »uneigennützig« nicht an der Gewinnung neuer Mitglieder und neuer Ehrenamtlicher ausgerichtet. Dabei entdecken sich Ortsgemeinde und Diakonie oft in neuer Weise. Die Kirche kann von der gesellschaftlichen Orientierung der Diakonie lernen, die »Kirche für andere« selbstverständlich lebt, während die Diakonie von dem selbstverständlichen theologischen Profil und dem geistlichen Leben der Ortsgemeinde profitieren kann.

Im Unterschied zum Konzept der gesundheitsorientierten Seelsorge ist der gemeinwesenorientierte Ansatz programmatisch inhaltlich offen – sie nimmt zunächst einmal wahr bzw. erhebt mit Menschen in diversen Gesprächen, was in dem jeweiligen Kontext jeweils relevant ist, und was Menschen von der Kirche brauchen könnten. Daraus können dann so unterschiedliche Projekte entstehen wie der Mittagstisch für verschiedene einsame Menschen, die Unterstützung in der Umstellung auf ökologische Landwirtschaft oder der Aufbau eines dörflichen Kommunikationszentrums – aber eben auch eine Unterstützung im Umgang mit gesundheitlichen Fragen. Insofern zeichnet sich die Gesundheitsseelsorge nicht einfach in den sozialraumorientierten Ansatz ein, sondern entspricht ihm in bestimmten Aspekten.

Mittlerweile wird die sozialraumorientierte Arbeit weitergedacht in Richtung von »sorgenden Gemeinschaften«[14]. Dabei werden bereits die besonderen Chancen einer solche Ausrichtung von Kirchengemeinden betont. Diese liegen zum einen in ihrem Charakter als »Werte- und Glaubensgemeinschaft«[15], sie hätten aber auch eine breite Erfahrung in Verantwortungsübernahme, Solidarität und Sorge und könnten nicht zuletzt auch Strukturen für die Realisierung bieten.[16]

Allerdings stellen sich für die konkrete Umsetzung auch hier bestimmte Herausforderungen. Eine aufsuchende Seelsorge, die nicht an ihrem Ertrag für das (kern-)gemeindliche Leben orientiert ist, benötigt (auch wenn sie vorrangig ehrenamtlich getragen wird, s. u.) Ressourcen, die an anderer Stelle nicht zur Verfügung stehen. Wenn sie konsequent durchgeführt wird, fordert diese Alternative eine Neuausrichtung der kirchlichen Kultur, insofern sich der Charakter der Gemeinde verändert, wenn sie nicht mehr überwiegend auf vertrautem Terrain agiert, sondern sich in unterschiedliche Lebenswelten begibt. Dabei müssen Orte und Gelegenheiten im öf-

---

14 Vgl. Annette Haußmann/Christine Wenona Hoffmann (Hg.), Miteinander füreinander sorgen. Sorgende Gemeinschaften als Aufgabe von Seelsorge und Diakonie (Praktische Theologie heute 202), Stuttgart 2024.
15 Ralph Kunz, Pflegende Angehörige. Community Care als Gelegenheit für Kirchgemeinden, in: PTh 107 (2018), 517–528, hier: 522.
16 Vgl. Thomas Klie, Caring Community. Leitbild für Kirchengemeinden in einer Gesellschaft des langen Lebens?, in: Kirche im ländlichen Raum (2013-3), 16–21, hier: 21.

fentlichen Raum gefunden werden, an denen Menschen auf gesundheitsseelsorgliche Angeboten treffen können. Anders als noch vor einigen Jahrzehnten, erscheint es heute schwieriger, Menschen gezielt zu Hause aufzusuchen, weil die Sorge vor Vereinnahmung und das Misstrauen, ungefragt neue Angebote aufgrund von Datenspeicherung zu bekommen, gewachsen ist. Sinnvoll scheint mir eher so etwas wie die PopUp-Church im öffentlichen Raum[17] oder Sprechstunden in einer ärztlichen oder alternativmedizinischen Praxis oder eine »Woche der Gesundheit« zusammen mit säkularen Akteur*innen oder andere kreative Möglichkeiten zu sein. Von ihrem traditionellen Selbstverständnis her sind jedoch viele Kirchengemeinden wenig darin geübt, partnerschaftlich und ohne Sorge vor Verlust des eigenen Profils im Gemeinwesen zu agieren. Daher muss eine solche Ausrichtung umsichtig in der Gemeinde kommuniziert werden und das (ehrenamtliche) Leitungsgremium sowie möglichst große Teil der Gemeinde müssen sie mittragen. Da vermutlich nicht alle überzeugt werden können, braucht es einen kompetenten Umgang mit Enttäuschungen und es müssen möglicherweise Kompromisse gefunden werden, ohne das Konzept zu verwässern.

6.4 Subjektorientierung (versus kirchliche Interessen)

Gesundheitsseelsorge stellt »die Bedürfnisse und Erfahrungen von Personen in den Mittelpunkt«[18] und ist daher subjektorientiert ausgerichtet. Es geht in ihr nicht um eine Botschaft, die ausgerichtet wird, oder um eine feststehende Agenda, die umgesetzt wird, sondern um die Subjekte und ihre individuellen Zugänge und Themen im Bereich von Gesundheit. Wie auch im gemeinwesenorientierten Ansatz bildet ihr Kriterium nicht der Ertrag für die klassische gemeindliche Arbeit, sondern der Gewinn der Subjekte.

Dieser Diskurs wurde in der Praktischen Theologie bereits in der liberalen Theologie Ende des 19./Anfang des 20. Jh. sowie in der »empirischen Wende« in den 1960er und 1970er Jahren vorgedacht (wobei nicht zufällig die Poimenik mit der entstehenden Seelsorgebewegung eine wichtige Rolle spielte) und konsequent dann Ende der 1980er und in den 1990er Jahren geführt. Eine wichtige Rolle dabei spielte Henning Luther mit seiner »Praktischen Theologie des Subjekts«.[19]

Mittlerweile bildet die Subjektorientierung besonders in der Religionspädagogik einen zentralen Fokus, da diese eine wesentliche Komponente des Bildungsgedan-

---

17 Vgl. https://www.kircheimdialog.de/projekte/pop-up-church (Zugriff am 16.2.2025).
18 Isabelle Noth, Von der Spitalseelsorge zur Gesundheitsseelsorge. Plädoyer für eine poimenische Fokusverlagerung im 21. Jahrhundert, in: Isabelle Noth/Thomas Wild/Sabina Ingold/Martin Roth (Hg.), Gesundheitsseelsorge in der Schweiz. Reformierte Perspektiven, Zürich 2025, 13–38.
19 Henning Luther, Religion und Alltag. Bausteine zu einer Praktischen Theologie des Subjekts, Stuttgart 1992.

kens darstellt.[20] Entgegen manchen Tendenzen zu einer vorgängigen katechetisch ausgerichteten Alphabetisierung, auf deren Grundlage dann später eigenständige Auseinandersetzungen, Positionierungen und Entdeckungen von Lebensgewinn erfolgen sollen, wird überwiegend betont, dass sich Weg und Ziel entsprechen müssen: Einer ergebnisoffene religiöse Mündigkeit müssen von Anfang an subjektorientierte didaktische Wege entsprechen, wie sie in Ansätzen, wie dem Theologisieren oder dem Bibliolog gegeben sind.[21] Auch in der religionspädagogischen Arbeit in der kirchlichen Kita geht es nicht um kirchliche Nachwuchsgewinnung, sondern einzig um die Kinder. Christliche Inhalte und Praktiken sind in der spätmodernen Gesellschaft, aber auch aus theologischer Überzeugung immer nur im Modus des Angebots zu verstehen, zu dem Kinder, Jugendliche und Erwachsene sich verhalten können in Akzeptanz, Ablehnung, Modifikation oder partieller Aufnahme. Kriterium dafür ist, was dem Subjekt plausibel und lebensdienlich erscheint. Dabei greift die grundsätzliche ekklesiologische Herausforderung beim Handeln der Kirche in der Welt: Ob Menschen die christliche Botschaft für sich annehmen, die Liebe Gottes erfahren und von ihr berührt und bewegt werden, ist nicht operationalisierbar, sondern theologisch als unverfügbares Wirken des Geistes zu begreifen.[22] Und gleichzeitig ist dieses Geschehen nicht unabhängig von der kirchlichen Kommunikation. Es ist gerade Aufgabe der Kirche, die Chancen dafür durch ihr Handeln möglichst groß zu machen – und das bedeutet: an den konkreten Subjekten orientiert zu agieren. Damit ist auch jeder Gegensatz zwischen »Auftragsorientierung« und »Subjektorientierung« obsolet, denn die Kirche erfüllt ihren Auftrag dann, wenn und insofern sich bei den Subjekten etwas verändert.

Für die Gesundheitsseelsorge bedeutet diese Überlegungen einerseits, nicht auf ein »Gelingen« fixiert zu sein. Sie agiert ausschließlich im Modus des Angebots, mit dem Subjekte in der ihnen eigenen Logik umgehen. Diejenigen, die die ausüben, müssen mit Reaktionen in jedweder Form rechnen, diese akzeptieren und die Subjekte unabhängig von ihrer Reaktion wertschätzen. Das ist nicht leicht, zumal vor dem Hintergrund des bislang überwiegend geschützten Raumes der Kirchengemeinde. Und gleichzeitig muss ihnen bewusst sein, dass die Reaktion auch nicht unabhängig von ihrem Agieren ist. Sich dieser Spannung bewusst zu sein, sie zu gestalten und vor allem auszuhalten, müsste ein wichtiger Bestandteil einer gesundheitssensiblen Seelsorge-Weiterbildung sein – egal ob für Haupt- oder für Ehrenamtliche.

Andererseits besteht die Herausforderung für die Kirche darin, in der Gesundheitsseelsorge konsequent »Kirche für andere« zu sein und auf jeden Eigennutz zu ver-

---

20 Vgl. exemplarisch Bernd Schröder, Religionspädagogik (Neue Theologische Grundrisse), Tübingen 2012, 232–248.
21 Vgl. Uta Pohl-Patalong, Evangelische Verkündigung in der religionspluralen Gesellschaft, in: Miriam Rose/Michael Wermke (Hg.), Konfessionslosigkeit heute. Zwischen Religiosität und Säkularität, Leipzig 2014, 321–332.
22 Vgl. Uta Pohl-Patalong, Kirche gestalten. Wie die Zukunft gelingen kann, Gütersloh 2021, 27 f.

zichten. Menschen spüren sehr genau, ob die Gesundheitsseelsorge einen Anknüpfungspunkt darstellt, um mit Menschen in Kontakt zu kommen oder ob es wirklich um sie als Subjekte geht. Das ist gerade in der heutigen Situation sowohl für die kirchenleitenden Personen als auch für die Gemeinden und die Hauptamtlichen nicht einfach, scheint mir aber wesentlich für das Gelingen des Projekts – und vor allem theologisch angemessen.

6.5 Ehrenamtliche Akteur*innen (versus Konzentration auf Hauptamtliche)

Und schließlich: Dieses Konzept von Gesundheitsseelsorge ist nicht denkbar mit einer rein oder auch nur überwiegend hauptamtlichen Tätigkeit: Freiwillig Engagierte spielen im Konzept der Gesundheitsseelsorge eine wesentliche Rolle.[23]

Dies trifft nun in einen ausgesprochen virulenten kirchentheoretischen und gleichzeitig pastoraltheologischen Diskurs, der pragmatisch natürlich durch die schwindende Zahl kirchlicher Hauptamtlicher, vor allem der Pfarrpersonen, genährt wird, aber im Kern auf grundsätzliche Fragen des Kircheseins zielt. Denn der reformatorische Grundsatz des »Priestertums aller Gläubigen« bzw. des »Priestertums aller Getauften« ist in den evangelischen Kirchen bislang nur partiell umgesetzt worden. In den reformierten Kirchen ist dies noch konsequenter geschehen als in den lutherischen, weil die Pfarrpersonen nicht Teil des gemeindeleitenden Gremiums sind oder sogar den Vorsitz in ihm haben. Dennoch liegt in der täglichen Arbeit traditionell die entscheidende Umsetzungskompetenz beim Hauptamt und Ehrenamtliche arbeiten tendenziell den Hauptamtlichen zu und unterstützen diese.

Aufbrüche zu einem veränderten Rollenverständnis hat es im deutschsprachigen Raum immer wieder gegeben, beispielsweise in der Kirchenreformbewegung der 1960er Jahre oder in der Gemeindebewegung der 1980er. Es gibt bislang jedoch nur einen pastoraltheologischen Entwurf, der die Hauptberuflichkeit konsequent auf die Ehrenamtlichkeit bezieht und von ihr her denkt: Die 2001 erschienene Dissertation von Bernhard Petry,[24] die bezeichnenderweise keine große Resonanz erfahren hat. Petry geht von einer »arbeitsteiligen Wechselseitigkeit«[25] beider Rollen aus, in der er dem Pfarrberuf die Leitung, vor allem aber die Dienstleistung für die Ehrenamtlichen zuspricht, die darin unterstützt werden, ihre persönliche Berufung zu finden und ihr allgemeines Priestertum zu entfalten. Dabei nutzen sie die eigenen Charismen und werden in Fortbildung und Supervision in deren Weiterentwicklung gefördert.

Dieser Ansatz entspricht dem sog. »neuen Ehrenamt«, das soziologischen Einschätzungen zufolge gesamtgesellschaftlich mittlerweile dominiert und künftig noch

---

23 Vgl. Noth, Von der Spitalseelsorge, 35–38.
24 Bernhard Petry, Leiten in der Ortsgemeinde. Allgemeines Priestertum und kirchliches Amt – Bausteine einer Theologie der Zusammenarbeit (LLG 9), Gütersloh 2001.
25 A. a. O., 71.

stärker dominieren wird. In ihm begreifen sich die Ehrenamtlichen als Subjekte, die sich gezielt dort engagieren, wo sie ihre persönlichen Fähigkeiten einsetzen bzw. entdecken und weiterentwickeln können. Sie entscheiden über die Art, Umfang und Dauer der Tätigkeit selbst. Das Ehrenamt soll durchaus anderen etwas Gutes tun, aber auch sich selbst. Dabei sind sich die freiwillig Engagierten ihres Wertes durchaus bewusst und erwarten etwas von der Organisation, in der und für die sie sich engagieren – sie möchten wahrgenommen, wertgeschätzt sowie freundlich und kompetent begleitet werden. Während nicht nur die Kirchen, sondern alle Organisationen es zunehmend schwerer haben, Ehrenamtliche für bestimmte Aufgaben und Ämter zu finden, wächst gesamtgesellschaftlich die Bereitschaft zu einem Ehrenamt dieses Typus – und wird mit dem Eintritt der »Boomer« in den Ruhestand vermutlich noch einmal deutlich zunehmen.

Die Kirche befindet sich in einem Übergang, in dem teilweise noch Erwartungen an ein Ehrenamt des traditionellen Typs gestellt werden und sie teilweise neue Wege in der Ehrenamtlichkeit geht. Dies bedeutet, sich der Konkurrenz mit anderen ehrenamtlichen Betätigungsfelder bewusst zu sein und darauf mit ausgezeichneten Bedingungen für eine Ehrenamtlichkeit im kirchlichen Raum zu reagieren. Kirchliche »Börsen« oder »Freiwilligenagenturen« beraten dann Menschen, das für sie sinnvolle und stimmige Betätigungsfeld zu finden. Sind dafür besondere Kompetenzen nötig, können Menschen diese erwerben und erleben dabei den für den neue Ehrenamt zentralen subjektiven Gewinn. Sie werden sehr gut begleitet, erfahren Wertschätzung sowie Gemeinschaft, ihre Kritik wird ernstgenommen und sie werden nicht ausgebeutet.

Bemerkenswerterweise ist freiwilliges Engagement in dieser Form bislang nur selten auf die Seelsorge bezogen worden. Das gilt auch weitgehend für das traditionelle Ehrenamt, hier gab es aber immerhin die gemeindlichen Besuchsdienstkreise oder die (in Deutschland) so genannten »grünen Damen« im Krankenhaus. Die Professionalisierung durch die Seelsorgebewegung seit den 1960er Jahren hat sich faktisch als eine Stärkung ihrer Hauptberuflichkeit ausgewirkt. Seit einiger Zeit mehren sich poimenische Stimmen, die dies für eine Verkürzung sowohl des theologischen Auftrags zu Seelsorge als auch ihrer Möglichkeiten halten. Sie machen deutlich, dass die Sorge für andere (und ebenso für sich selbst), der begleitende Kontakt und das Angebot von Deutungen auf Fragen und Probleme des Lebens im christlichen Horizont eine Aufgabe aller Christ*innen ist, die in der Gemeinde einen besonders guten Ort haben kann. So formuliert beispielsweise Jürgen Ziemer: »Seelsorger-sein ist im Sinne des Priestertums aller Gläubigen kein exklusiv nur auf eine bestimmte Spezies von besonders Begabten und Qualifizierten beschränktes Amt. [...] Gemeindeglieder, also ›Laien‹, können Seelsorgerinnen und Seelsorger sein.«[26] Gestützt werden diese Überlegungen heute auch durch die zurückgehende Zahl von Pfarrpersonen und die Einsicht, dass es in dieser Situation der Sache sicher nicht dient, Seelsorge an die Hauptberuflichkeit oder gar an die Ordination zu koppeln. Es vergibt zudem die Chance, die besonderen Talente und »Charismen« von Ehrenamtlichen für die Seelsorge in den Blick zu nehmen. Dazu gehören unter anderem Empathie und die Fähigkeit,

---

26 Jürgen Ziemer, Seelsorgelehre. Eine Einführung für Studium und Praxis, Göttingen 2000, 177.

zuzuhören, sowie ein intuitives Verstehen, was das konkrete Anliegen der Person ist und was diese jetzt braucht.

Dabei ist Seelsorge von Ehrenamtlichen zum einen[27] als informelle und situativ abhängige Alltagsseelsorge denkbar, die Menschen miteinander auf der Basis ihrer Lebenserfahrungen und ihrer menschlichen Fähigkeiten praktizieren, ohne dazu gezielt ermutigt worden zu sein oder eine Ausbildung bekommen zu haben. Dies kann in der Gemeinde und im sonstigen kirchlichen Raum ebenso geschehen wie in der sonstigen Lebenswelt. Voraussetzung ist dafür, dass sich Gemeindeglieder füreinander zuständig fühlen, sich gegenseitig im Blick haben und einander begleiten – und nicht nur die Pfarrperson auf einen Seelsorgebedarf hinweisen.

Zum anderen kann Seelsorge durch Ehrenamtliche auch die Gestalt einer Beauftragung annehmen. Vorbilder dafür können die Telefonseelsorge und der Hospizdienst sein, in dem Menschen diese Arbeitsfelder als besondere Aufgabe verstehen, die auf ihren Talenten beruht und für die sie eine qualifizierte Weiterbildung erhalten (und für die sie sich zunächst bewerben müssen und auch abgelehnt werden können). Das können Menschen sein, die sich bisher schon in der Gemeinde engagieren und ein neues, vielleicht eigenständigeres Betätigungsfeld suchen. Ebenso können sich aber auch Personen dafür interessieren, die bisher nicht in der Kirche engagiert waren und über diese Aufgabe die Kirche als Tätigkeitsfeld neu entdecken, weil sie dort gute Bedingungen für ihr Engagement vorfinden. Sie können sich dabei in einem Bereich engagieren, der ihnen nahe ist und in dem sie auf der Basis von Erfahrungen Kompetenzen mitbringen, z.B. aus Pflegeerfahrungen oder als Eltern. Ihnen wird Qualifikation und Selbstwirksamkeit in einem gesellschaftlich relevanten Feld geboten sowie die Möglichkeit, auch für sich selbst etwas Gutes im Engagement zu erfahren.

Für die Akquise der Freiwilligen, die Organisation ihrer Ausbildung, die Auswahl ihres Einsatzortes sowie für ihre kontinuierliche, auch supervisorische Begleitung müssen qualifizierte hauptamtliche Personen zur Verfügung stehen. Diese können, aber müssen nicht zum Team der Gemeinde gehören; sie können auch dafür angestellt sein, möglicherweise in Kooperation mit einem Beratungszentrum oder anderen seelsorglichen Einrichtungen.

Für die Gesundheitsseelsorge kommen beide Ausrichtungen in Betracht. Wird das Thema in Predigten, auf Gemeindeversammlungen und -festen, bei Bildungsveranstaltungen und in gemeindlichen Gruppen immer wieder ins Spiel gebracht, könnte sich eine informelle Kultur gegenseitiger gesundheitssensibler Seelsorge entwickeln. Dies bleibt allerdings situativ und kontingent. Für die Etablierung eines Konzept erscheint es daher wesentlich, dass Menschen diese Aufgabe bewusst, qualifiziert und im Auftrag der Gemeinde bzw. der Kirche übernehmen.

Eine Herausforderung für die Umsetzung bildet eine konsequente Orientierung am »neuen Ehrenamt« und ein größeres Zutrauen in die Fähigkeiten von Ehrenamt-

---

27 Den Grundgedanken dafür habe ich übernommen von Eberhard Hauschildt, Auf dem Weg zu einer Praktischen Theologie der Ehrenamtlichen-Seelsorge. Eine Skizze, in: PTh 99 (2010), 116–127, hier: 122–125.

lichen, als dies bisher nicht selten der Fall ist. Für die Hauptberuflichen bedeutet dies einen Rollenwechsel, bei dem sie auch Einfluss und Macht abgeben und akzeptieren müssen, dass ein Handlungsfeld vielleicht anders ausgefüllt wird, als sie es selbst bisher getan haben. Das Konzept bricht mit immer noch lebendigen Rollenbild der »Hirt*innen«, indem es von dem Zutrauen in die Freiwilligen und ihre Kompetenzen ausgeht und ihnen die entscheidende Aktivität zuspricht. Dieser Kulturwechsel muss ernst genommen und begleitet werden, auch bei Enttäuschungen, wenn die Umstellung länger dauert. Zudem darf der Aufwand für die verantwortlichen hauptamtlichen Personen nicht unterschätzt werden. Die Begleitung kann keinesfalls »nebenbei« erfolgen, sondern erfordert Zeit und Intensität sowie Kompetenz – sowohl im Bereich der Seelsorge als auch in der Koordination und Begleitung von Ehrenamtlichen.

Kirche begibt sich damit offener als bisher auf den »Markt« der Freiwilligenarbeit und muss durch gute Bedingungen überzeugen. Der besondere Gewinn, sich gerade in der Kirche zu engagieren, muss deutlicher werden als bisher, wenn man andere Menschen als bisher gewinnen will. Dies ist aber letztlich unabhängig von der Gesundheitsseelsorge m. E. eine zentrale Aufgabe der Kirche für die Gegenwart, für die die Gesundheitsseelsorge als paradigmatisch verstanden werden kann.

7. Gesundheitsseelsorge und Kinder- und Jugendseelsorge. Versuch einer konzeptionellen Verhältnisbestimmung aus religionspädagogischer Sicht

Evelyn Krimmer

7.1 Zur Einleitung: Die Frage nach dem Unterschied

Es liegt in der Natur der Sache, dass neue Ideen und Perspektiven selten im luftleeren Raum entstehen, sondern an bestehende Konzepte anknüpfen und diese weiterentwickeln, indem eigene Akzente gesetzt werden. Um ein Verständnis für sich neu entwickelnde Ansätze überhaupt erst zu ermöglichen, liegt es nahe, im Sinne einer verständnisorientierten Annäherung nach vergleichenden und abgrenzenden Aspekten zu fragen. So sieht sich auch die poimenische Fokusverlagerung einer Gesundheitsseelsorge mit der Frage nach dem Unterschied konfrontiert: Gesundheitsseelsorge, Krankenhausseelsorge, Kinder- und Jugendseelsorge und das, was bisher ohnehin schon in den Kirchengemeinden beispielsweise im Rahmen des katechetischen Unterrichts geleistet wird – in welchem Verhältnis stehen sie zueinander? Überschneiden, ergänzen oder ersetzen sie sich gar?

Nach einer ersten praktisch-theologischen Fundierung und Erarbeitung der konzeptionellen Grundlagen einer Gesundheitsseelsorge[1] stehen diese und ähnliche Fragen im Raum. Es zeigt sich, dass eine wichtige Aufgabe für die weitere Konzeptualisierung von Gesundheitsseelsorge in der Bestimmung des Schwerpunkts dessen liegt, was eine Gesundheitsseelsorge im Kern ausmacht und was gleichsam als Wesensmerkmal von Gesundheitsseelsorge zu verstehen ist.

Im Folgenden soll der Versuch unternommen werden, im Anschluss an erste Sondierungen aus religionspädagogischer Sicht[2] nun weitere Erkundungen hinsichtlich des Verhältnisses und einer möglichen Verhältnisbestimmung zwischen Kinder- und Jugendseelsorge und Gesundheitsseelsorge vorzunehmen. So wird zu fragen sein, wo die jeweiligen Akzente im Bereich der Kinder- und Jugendseelsorge und diejenigen der Gesundheitsseelsorge zu verorten wären. Der Beitrag verfolgt somit das Ziel, eine erste Verhältnisbestimmung zwischen Kinder- und Jugendseelsorge und Gesundheitsseelsorge aus religionspädagogischer Sicht zu entwickeln. Dabei wird ein vergleichender Ansatz angestrebt, um die Schwerpunkte beider Bereiche zu identifizieren.

---

1 Vgl. Isabelle Noth/Thomas Wild/Sabina Ingold/Michael Roth (Hg.), Gesundheitsseelsorge in der Schweiz. Reformierte Perspektiven, Zürich 2025.
2 Vgl. Evelyn Krimmer, Gesundheitsseelsorge. Zur Chance eines spezialseelsorglichen Perspektivenwechsels im Blick auf die Kinder und Jugendlichen, in: Noth/Wild/Ingold/Roth (Hg.), Gesundheitsseelsorge in der Schweiz, 155–164.

Dass eine solche Verhältnisbestimmung im Rahmen dieses Beitrags nicht abschliessend erfolgen kann, braucht nicht eigens betont zu werden. Vielmehr können die folgenden Ausführungen als Ansatzpunkte dienen, um weitere Diskurse anzuregen.

7.2 Systematisierende Verhältnisbestimmung

Im Zuge des Versuchs einer systematisierenden Verhältnisbestimmung zwischen Kinder- und Jugendseelsorge einerseits und Gesundheitsseelsorge im Blick auf die Kinder und Jugendlichen andererseits ist es wichtig, vorab zu betonen, dass es nicht darum gehen kann und darf, beide Konzepte gegeneinander auszuspielen. Anstatt sich trennscharf zu unterscheiden, kann erwartet werden, dass sie vielfach ineinandergreifen. Dennoch sind im Sinne einer Fokusverlagerung verschiedene Schwerpunktsetzungen und Akzentverschiebungen zu benennen, die es herauszuarbeiten gilt. Um diese Schwerpunktsetzungen zu systematisieren, wird der Blick auf drei Ebenen gerichtet, welche die Stellung innerhalb der Seelsorge, die Zielgruppe und schließlich die inhaltliche Ausrichtung betreffen. Auf jeder dieser Ebenen soll ein zentraler Aspekt herausgegriffen werden, um somit drei Spannungsfelder zu eröffnen. So wird auf der Ebene der Stellung innerhalb der Seelsorge zu erörtern sein, inwiefern hinsichtlich einer Kinder- und Jugendseelsorge einerseits und der Konzeptualisierung einer Gesundheitsseelsorge andererseits gleichsam von einer poimenischen Peripherie oder eher einer zentralen Gegenwarts- und Zukunftsaufgabe zu sprechen wäre (3.1), während mit Bezug auf die Zielgruppe der Aspekt einer lebensphasenspezifischen Punktualität gegenüber eines lebensphasenübergreifenden Ansatzes im Sinne einer begleitenden Beziehungsorientierung beleuchtet werden soll (3.2). Die Frage nach der schwerpunktmäßigen inhaltlichen Ausrichtung beider Konzeptionen wird sich indessen im Spannungsfeld zwischen den Polen einer krisenorientierten Defizitfokussierung auf der einen und einer lebensweltbezogenen Gesundheitssensibilisierung auf der anderen Seite zu bewegen haben und zu durchdenken sein (3.3).

7.3 Detaillierte Betrachtung der Ebenen

7.3.1 Zur Stellung innerhalb der Seelsorge: zwischen poimenischer Peripherie und zentraler Gegenwarts- und Zukunftsaufgabe

»Jugendseelsorge wird gegenwärtig wenig beachtet und bedacht. [...] nur eine kleine Nebenrolle im Gesamt des kirchlichen Handelns.«[3] Mit dieser Feststellung leitet Matthias Günther sein Buch über »Jugendseelsorge« ein, das eben diesem von ihm

---

3 Matthias Günther, Jugendseelsorge, Göttingen 2018, 7 f.

gleich eingangs angeprangerten Mißstand zumindest ein wenig Abhilfe schaffen und neu auf das Thema Jugendseelsorge aufmerksam machen möchte. So bestehe zwar durchaus Einigkeit darüber, dass Kinder und Jugendliche auch ein Recht auf Seelsorge haben, während sie laut Günther allerdings noch viel zu selten auch tatsächlich im Blick stehen. Vielfach geht es in erster Linie noch darum, die Koordinaten der Kinder- und Jugendseelsorge auszuloten, um zuallererst grundsätzliche Fragen wie die folgenden zu klären: Was wissen wir über Kinder und Jugendliche, über ihre religiös-spirituelle Entwicklung, ihre Religiosität, ihre Gesundheit, ihre Probleme und Herausforderungen, ihre Werte? Welche Themen sind typisch für Kinder und Jugendliche? Was müssen Seelsorgende bedenken, wenn sie Kinder und Jugendliche begleiten wollen? Welche seelsorglichen Konzepte existieren, welche Projekte bzw. Anlaufstellen sind erfolgreich?

Während sich zwar durchaus lokale Ansätze[4] erkennen lassen, um diesen Fragen nachzugehen und aufgrund eines erkannten Defizits das Anliegen einer Kinder- und Jugendseelsorge gezielt zu stärken, zeigt sich die existierende fachwissenschaftliche Literatur zu Kinder- und Jugendseelsorge dabei allerdings als hinlänglich überschaubar.[5] So scheint in Anbetracht dieser offenkundig und zugleich erschreckend randständigen Stellung einer Kinder- und Jugendseelsorge im Gesamtkontext des wissenschaftlichen Seelsorgediskurses das Bild einer poimenischen Peripherie auf unbefriedigende Weise bezeichnend zu sein.

Doch während also Jugend-*Seelsorge*, wie es Matthias Günther formuliert, gegenwärtig »wenig beachtet und bedacht« wird, kann davon im Blick auf Jugend-*Gesundheit* nicht die Rede sein. Ganz im Gegenteil erfährt dieses Thema – aus besorgniserregendem Anlass – eine Menge Aufmerksamkeit in der öffentlichen Wahrnehmung. Zahlreiche Studien befassen sich mit der Frage, wie es insbesondere um die psychische Gesundheit Jugendlicher aktuell bestellt ist, und rütteln uns mit trauriger Regelmäßigkeit auf.[6]

Um nur eine von zahlreichen Studien im deutschsprachigen Raum zu nennen, veröffentlichte die Robert Bosch Stiftung im Rahmen des Deutschen Schulbarometers[7]

---

4 So beispielsweise in Form eines Weiterbildungsstudiengangs Kinder- und Jugendseelsorge, vgl. https://www.unibe.ch/weiterbildungsangebote/cas_kinder_und_jugendseelsorge/index_ger.html (Zugriff am 28.5.2025); vgl. Andreas Köhler-Andereggen/Isabelle Noth, Kinder- und Jugendseelsorge als religionspädagogisches Desiderat, in: Wege zum Menschen 76 (2024-2), 91–100.
5 Vgl. Barbara Städtler-Mach, Kinderseelsorge. Seelsorge mit Kindern und ihre pastoralpsychologische Bedeutung, Göttingen 2004; Ulrich Mack, Handbuch Kinderseelsorge, Göttingen 2010; Elisabeth Hohensee, »Ich habe krass viele Fragen wegen dem Sinn des Lebens.« Zur Kommunikation von Sinnfragen unter jugendlichen Kirchenmitgliedern, in: Bernd Schröder/Jan Hermelink/Silke Leonhard (Hg.), Jugendliche und Religion. Analysen zur V. Kirchenmitgliedschaftsuntersuchung der EKD, Religionspädagogik innovativ 13, Stuttgart 2017, 95–108; Günther, Jugendseelsorge.
6 Vgl. Krimmer, Gesundheitsseelsorge. Zur Chance eines spezialseelsorglichen Perspektivenwechsels im Blick auf die Kinder und Jugendlichen, 155 f.
7 Vgl. https://deutsches-schulportal.de/bildungswesen/deutsches-schulbarometer-schueler-2024-jeder-fuenfte-junge-mensch-berichtet-von-psychischen-problemen/ (Zugriff am 28.5.2025).

im Jahr 2024 eine Befragung von Kindern und Jugendlichen im Alter von 8–17 Jahren zu ihrem psychischen Wohlbefinden. Demnach leidet jeder fünfte junge Mensch unter psychischen Auffälligkeiten und berichtet von psychischen Problemen, Sorgen und Ängsten. Zudem empfinden 27 Prozent der Schüler:innen ihre Lebensqualität als gering – eine derart negative Einschätzung der Lebensqualität wurde vor der Corona-Pandemie und den damit verbundenen Einschränkungen und Maßnahmen von lediglich 15 Prozent der befragten Kinder und Jugendlichen vorgenommen.

Sorgen und Belastungen verzeichnen einen immensen Zuwachs. Die Sorge um Kriege in der Welt belastet die Kinder und Jugendlichen zum Zeitpunkt der Befragung am häufigsten. 71 Prozent geben an, dass sie sich in letzter Zeit (sehr) oft oder zumindest manchmal darüber sorgen, dass es Kriege auf der Welt gibt. Auch Leistungsdruck in der Schule ist ein verbreiteter Belastungsfaktor. 59 Prozent sagen, dass sie sich oft oder manchmal darum sorgen, keine guten Leistungen in der Schule zu erbringen und unter täglichem Stress und Leistungsdruck leiden. Besonders Mädchen im Alter zwischen 14 und 17 Jahren (43 Prozent) und Schüler:innen mit sonderpädagogischem Förderbedarf (36 Prozent) sorgen sich um ihre schulischen Leistungen. Nahezu zwei Drittel der Schüler:innen (61 Prozent) macht sich Sorgen um das Klima und die Umwelt. Bezüglich der ebenfalls untersuchten Einstellungen zu Hilfsangeboten sind es bei den Kindern und Jugendlichen mit psychischen Problemen sogar 45 Prozent, die angeben nicht zu wissen, an wen sie sich bei emotionalen Problemen wenden können.

In Anbetracht dieser Befunde, die exemplarisch für die Erkenntnisse zahlreicher vergleichbarer und auch internationaler Kinder- und Jugendstudien insbesondere nach der Corona-Zeit stehen[8], muss also mit Besorgnis festgehalten werden: psychische Probleme sind nicht länger als Spezialfall, sondern mittlerweile als ein Breitenphänomen der heutigen Kinder und Jugendlichen anzusehen.

Eindringlich wäre angesichts dessen nun allerdings davor zu warnen, die hohe Zahl der psychisch belasteten Kinder und Jugendlichen gar fatalistisch als gegebenen »Normalzustand« unserer Gesellschaft zu erachten. Die Ergebnisse dieser und entsprechender anderer Studien dürfen nicht hingenommen werden, als sei daran nichts zu ändern.

Vielmehr wird hinreichend deutlich, dass ein immenser Bedarf besteht, etwas für die Gesundheit von Kindern und Jugendlichen zu tun und eine neue Sensibilisierung auch in praktisch-theologischen Handlungsfeldern für das Thema Gesundheit im Allgemeinen und insbesondere auch im Blick auf die psychische und seelische Gesundheit von Kindern und Jugendlichen zu bewirken.

Mit gezielten seelsorglichen und religionspädagogischen Formaten wie konkreten Angeboten im Zusammenhang einer Gesundheitsseelsorge könnten erste Schritte zur Eröffnung eines neuen, an Aktualität und Dringlichkeit im Hinblick auf

---

8 Vgl. bspw. Salima Meherali et al., Mental Health of Children and Adolescents Amidst COVID-19 and Past Pandemics: A Rapid Systematic Review, in: Int. J. Environ. Res. Public Health 18 (2021), 3432, https://doi.org/10.3390/ijerph18073432 (Zugriff am 28.5.2025).

die Kinder und Jugendlichen scheinbar kaum zu überbietenden Feldes unternommen werden.

Darüber hinaus liegt darin eine Chance, wie auch Isabelle Noth es betont[9], die Aufwertung des Individuums als reformatorisches Anliegen im Horizont einer evangelischen Gesundheitsseelsorge zu verwirklichen, und zwar durch eine gezielte Zuwendung eben auch zum kindlichen und jugendlichen Individuum. So darf nicht in Vergessenheit geraten, dass es sich bei der allgemeinen Gruppe »der Kinder und Jugendlichen« um Individuen handelt, die im Rahmen entsprechender Studien von ihren Nöten berichten, und es kommt darauf an, an die einzelnen jungen Menschen in ihren systemischen Bezügen und Verflechtungen in ihrem Lebensumfeld zu denken, die hinter den pauschalen Prozentzahlen der Studien zur psychischen Gesundheit von Kindern und Jugendlichen stehen. Im neuen Zugang, für den sprachlich der Begriff »Gesundheitsseelsorge« steht, liegt eine konkrete Möglichkeit, durch die verstärkte Zuwendung in Form von gesundheitsseelsorglichen Angeboten zur Gruppe der Kinder und Jugendlichen, die sich aus Individuen zusammensetzt, ein reformatorisches Anliegen in die Tat umzusetzen sowie aus religionspädagogischer Perspektive auf die mögliche Implikation einer neuen Wertschätzung des Kindes und Jugendlichen im Horizont der Gesundheitsseelsorge aufmerksam zu machen.

7.3.2 Zur Zielgruppe: zwischen lebensphasenspezifischer Punktualität und lebensphasenübergreifendem Ansatz einer begleitenden Beziehungsorientierung

Die zweite Ebene betrifft die Zielgruppe, an die sich Angebote der Kinder- und Jugendseelsorge einerseits sowie der Gesundheitsseelsorge andererseits richten können. Diese bewegen sich zumindest in konzeptioneller Hinsicht in einem Spannungsfeld zwischen einer *lebensphasenspezifischen Punktualität* auf der einen und einer *lebensphasenübergreifenden, begleitenden Beziehungsorientierung* auf der anderen Seite.

Denn fragt man nun nach den jeweiligen Adressat:innen der in Rede stehenden seelsorglichen Konzeptionen, so wird von vorneherein ersichtlich: Die dem Programm einer Kinder- und Jugendseelsorge entsprechenden Angebote beziehen sich gleichsam konstitutiv auf Angehörige bestimmter Lebensphasen – namentlich auf junge Menschen, die aktuell entweder die Lebensphase Kindheit oder die Lebensphase Jugend durchlaufen. Dabei ist es von Bedeutung, sich vor sozialisationstheoretischem Hintergrund bewusst zu machen, dass es sich bei der Rede von Lebensphasen wie Kindheit und Jugend letztlich um soziale Konstruktionen handelt. Die Vorstellung, dass *die* Kindheit und *die* Jugend jeweils soziale Konstrukte sind – dass sie von der Gesellschaft, in der wir leben, geschaffen und geprägt werden und sich daher zu jeder Zeit und an jedem Ort ändern werden – kann unsere Sicht auf junge

---

9 Vgl. Isabelle Noth, Von der Spitalseelsorge zur Gesundheitsseelsorge: Plädoyer für eine poimenische Fokusverlagerung im 21. Jahrhundert, in: Noth/Wild/Ingold/Roth (Hg.), Gesundheitsseelsorge, 13–38, hier: 27 f.

Menschen und die Interpretation ihres Verhaltens stark beeinflussen. Diese Lebensphasen-Konstruktionen, was sie kennzeichnet und wer ihnen angehört, sind in der Sozialisationsforschung verhältnismässig klar definiert[10]. So beschreiben insbesondere Quenzel und Hurrelmann[11], wie alle Lebensphasen durch die kulturellen, sozialen und ökonomischen Veränderungen neu strukturiert werden. Auffällig sei dabei die seit 1900 zu beobachtende Verkürzung der Lebensphasen Kindheit und Erwachsensein bei gleichzeitiger Ausdehnung der Lebensphasen Jugend und Senior:in. Die Lebensphase Jugend existierte demnach um 1900 nur für wenige Bevölkerungsschichten, sei heute aber für alle Gesellschaftsmitglieder selbstverständlich geworden und nimmt inzwischen einen großen Teil der Lebenszeit ein. Quenzel und Hurrelmann betonen die erheblichen Auswirkungen auf die Eigendynamik und Eigenständigkeit dieser Lebensphase, wobei ähnliches auch für die Lebensphase des Senior:innenalters gelte.

Darüber hinaus verdeutlichen sozialisationstheoretische Analysen, wie sich von 1900 bis in die Gegenwart neue Abschnitte des Lebenslaufs als einzelne Lebensphasen herausgebildet und in ihrer zeitlichen Ausdehnung im Lebenslauf verändert haben. Der typische Lebenslauf im Jahr 1900 hatte im Vergleich zu heute eine recht einfache Struktur und bestand nur aus zwei Phasen: dem Kindheitsalter und dem Erwachsenenalter. Um 1950 lässt sich die beginnende Ausdifferenzierung der beiden Phasen Jugendalter und Senior:innenalter feststellen, die zuvor in dieser Form als eigenständige Lebensabschnitte gesellschaftlich keine gesonderte Beachtung erfuhren und die daher auch als »historisch neue Lebensphasen«[12] bezeichnet werden. Im Jahr 2000 hat sich das Jugendalter auf Kosten des Kindesalters, vor allem aber des Erwachsenenalters weiter ausgedehnt, wohingegen es am Ende des Lebenslaufs zudem aufgrund der höheren Lebenserwartung zu einer deutlichen Ausdehnung der Lebensphase Senior:innenalter kommt.

Dementsprechend kann die sozialisationstheoretische Erkenntnis festgehalten werden, dass das Erwachsenenalter damit im Unterschied zu den 1950er Jahren »nicht mehr automatisch das lebensperspektivische Zentrum der Biografie«[13] darstellt, sondern nur einen Abschnitt der Lebensgestaltung unter vielen. Gemäß einer Prognose der Sozialisationstheorie ist darüber hinaus noch eine etwas stärkere Ausdehnung der Lebensphase Jugend denkbar sowie eine weitere Verlängerung der Lebensphase Senior:innenalter, welche eventuell eine neue Ausdifferenzierung der Lebensphase »Hohes Alter« im Anschluss nach sich ziehen könnte.[14]

---

10 Vgl. Katharina Rathmann/Heidrun Bründel/Klaus Hurrelmann, Kindheit heute: Entwicklungen und Herausforderungen, Weinheim ²2024; Klaus Hurrelmann/Gudrun Quenzel, Lebensphase Jugend. Eine Einführung in die sozialwissenschaftliche Jugendforschung, Weinheim ¹⁴2022, 15 ff.; Rolf Göppel, Das Jugendalter. Entwicklungsaufgaben, Entwicklungskrisen, Bewältigungsformen, Stuttgart 2005; Heiner Keupp, Von der (Un-) Möglichkeit, erwachsen zu werden. Identitätsarbeit in der pluralistischen Gesellschaft, in: Thomas Schlag/Rudi Neubert/Ralph Kunz (Hg.), Konfirmandenarbeit in der pluralistischen Gesellschaft, Zürich 2009, 27–56.
11 Vgl. Hurrelmann/Quenzel, Lebensphase Jugend, 15 ff.
12 Hurrelmann/Quenzel, Lebensphase Jugend, 16.
13 Hurrelmann/Quenzel, Lebensphase Jugend, 16.
14 Vgl. Hurrelmann/Quenzel, Lebensphase Jugend, 17.

Dabei gilt *Jugend* als soziokulturell variable Phase zwischen *abhängigem Kind* und *unabhängigem Erwachsenen*, wobei die Autonomie und der Grad der Verselbständigung hier als zentrales Bestimmungskriterium gelten. Während die Abgrenzung zur Kindheit häufig zwischen 12 und 14 Jahren angesetzt und anhand der Faktoren Geschlechtsreife, Selbstcharakterisierung und Abgrenzungsverhalten bei weitgehender Abhängigkeit zu verdeutlichen versucht wird, gestaltet sich die Abgrenzung zum Erwachsenenalter hingegen schwierig. Anstatt definierter und sozial sichtbarer Übergänge ist der Status des oder der Erwachsenen abhängig von gewissen Entwicklungsaufgaben und damit einhergehender Autonomie. Generell ist gemäß der Sozialisationstheorie eine Tendenz zur Ausweitung der Jugendphase feststellbar, da mit einem zunehmend früheren Beginn der Pubertät und damit des Übergangs aus der Kindheit zur Jugend einerseits sowie mit einem weiteren Hinauszögern des Übergangs hin zum Erwachsenenalter und der Loslösung von festen Statuspassagen (wie bspw. Beruf, Heirat, Kinder etc.) zu rechnen sei. Stattdessen komme es vermehrt zu offeneren, gewissermaßen fließenden Übergängen, wobei angesichts der anhaltenden Ausdehnung der Lebensphase Jugend diese jedoch für die Lebensführung insgesamt an Bedeutung gewinne.[15]

Vor diesem Hintergrund erscheint nun zunächst der Bedarf einer poimenischen Fokusverlagerung umso plausibler zu werden, die mit einer verstärkten Aufmerksamkeit auf die Lebensphase Jugend verbunden ist. Doch während bei der (Kinder- und) Jugendseelsorge der konstitutive Bezug zu einer bestimmten Lebensphase bereits terminologisch gleichsam immanent vorhanden ist und daher zugespitzt von einer schwerpunktmäßigen lebensphasenspezifischen Punktualität in Bezug auf die Adressat:innen gesprochen werden kann, kann der Ansatz der Gesundheitsseelsorge unmittelbar innerhalb des Gesamtzusammenhangs einer *lebensphasenübergreifenden Beziehungsorientierung* positioniert werden. Dies könnte bedeuten, dass es zwar durchaus auch im Rahmen einer Gesundheitsseelsorge jugendspezifisch ausgerichtete Angebote geben muss, diese aber in konzeptioneller Hinsicht in einen über die – gemäß der skizzierten sozialisationstheoretischen Perspektiven ja ohnehin zunehmend schwerlich zu definierende – Jugendphase hinausgehenden und längerfristigen, im Idealfall lebensbegleitenden und beziehungsorientierten Horizont einzuzeichnen wären.[16]

Wie wichtig vertrauensvolle Beziehungen, ein starkes Gemeinschaftsgefühl und insbesondere die Möglichkeit zur aktiven Partizipation für das Wohlbefinden und damit auch für die Gesundheit junger Menschen im Rahmen von religions- und

---

15 Vgl. Hurrelmann/Quenzel, Lebensphase Jugend, 17. Als interne Strukturierung der Jugendphase ist dabei von einer frühen Jugendphase (12–17 Jahre, Tendenz der Verschiebung nach vorne), einer mittleren Jugendphase als nachpubertäre Phase der Identitätsexploration (18–21 Jahre) sowie von einer späten Jugendphase (22–27, max. 30 Jahre, mit Tendenz der Verschiebung des Austrittsalters aus der Lebensphase Jugend nach hinten und einer längeren Übergangszeit zur Erwachsenenrolle) zu rechnen. Hingegen galt eine Person bis in die 70er Jahre gesellschaftlich nicht mehr als Jugendliche:r, sobald ein fester Beruf ergriffen und/oder geheiratet wurde, vgl. Hurrelmann/Quenzel, Lebensphase Jugend, 44.
16 Vgl. dazu das Bild einer mitgehenden Seelsorge im Sinne einer Vernetzung der Generationen, wie es auch im Beitrag von Dorothee Arnold-Krüger in diesem Band zur Sprache kommt.

gemeindepädagogischen Settings sind, belegt jüngst auch erneut die aktuell erschienene Studie zu Konfirmationsarbeit[17]. Gerade mit Blick auf den Aufbau und die Gestaltung von Beziehungen zu jungen Menschen ist es im Sinne einer religionspädagogischen Subjektorientierung demnach zentral, eine Relevanzsteigerung durch eine stärkere Verbindung zwischen den gemeindepädagogischen Angeboten und der Lebenswelt der Konfirmand:innen zu ermöglichen.

Das bedeutet, auch und gerade Jugendliche nicht nur in die Konsum- bzw. Empfänger:innenhaltung[18] zu drängen und ihnen gewisse, in diesem Fall gesundheitsseelsorgliche Formate vorzusetzen. Uta Pohl-Patalongs Aussagen bezüglich des »Wandels zum ›neuen Ehrenamt‹« aufnehmend, muss auch für eine Beziehungsgestaltung mit jungen Menschen gelten, dass sie in deren Zuge als Gegenüber auf Augenhöhe ernst genommen und wertgeschätzt werden. Konkret kann dies bedeuten, dass »nicht Menschen für bestimmte Aufgaben« oder Angebote gesucht werden, sondern *mit ihnen* gemeinsam überlegt werde, »welche Formen des Engagements in welchen Bereichen einen Mehrwert für sie als Subjekte haben«[19].

Eine konsequent subjektorientierte Gesundheitsseelsorge könnte gerade im Blick auf die Jugendlichen diese Gedanken aktiv aufnehmen und weiterführen, indem nicht allein im Sinne eines *top-down* Ansatzes zu bereits vorgefertigten Angeboten eingeladen wird. Gleichsam einen Schritt zurücktretend kann stattdessen ein dialogisch und erfahrungsorientiert ausgerichtetes *bottom-up* Konzept gemeinsam und durchaus ergebnisoffen mit Jugendlichen überlegen, welche gesundheitsbezogenen Themen für sie relevant und von Interesse sind und welche Fragen tatsächlich bestehen. Denn ebenso muss zu besagtem Wandel zählen, was Isabelle Noth als Schutz des Individuums in der Gesundheitsseelsorge »vor jeglicher medizinischen wie auch seelsorglichen Besserwisserei«[20] beschreibt, denn: »Nicht der paternalistische Schutz der Schwachen, sondern der Respekt vor deren in der Rechtfertigung begründeten Freiheit steht im Zentrum der Gesellschaftsordnung.«[21]

Eine *bottom-up* Beziehungs- und Subjektorientierung statt einer *top-down* »Besserwisserei« und Bevormundung ist ein Punkt, der gerade auch für junge Menschen einen zentralen Unterschied ausmacht: Anstatt Jugendliche mit bestimmten Normensetzungen zu konfrontieren, gilt es, sie am Aushandeln der Normen als gleichwertige Partner zu beteiligen. Nur dann kann von einer Subjektorientierung gesprochen

---

17 Vgl. Heidi Toivanen/Jari Pulkkinen et al., Youth Agency and Learning in Confirmation Work, in: Wolfgang Ilg/Manuela Hees/Eveliina Hellas/Linn Sæbø Rystad/Thomas Schlag/Henrik Simojoki (Hg.), Developing Confirmation Work in Europe. Empirical findings and perspectives for post-pandemic times. The third international study, Reihe Konfirmandenarbeit erforschen und gestalten Bd. 14, Gütersloh 2024, 291–303.
18 Vgl. Noth, Von der Spitalseelsorge zur Gesundheitsseelsorge, 36.
19 Uta Pohl-Patalong, Kirche gestalten. Kirchentheoretische Perspektiven, in EvTh, 82, H. 6, 2022, 438–449, hier: 449.
20 Noth, Von der Spitalseelsorge zur Gesundheitsseelsorge, 37.
21 Reiner Anselm, Toxische Leitvorstellungen, in: Johann Hinrich Claussen (Hg.), Sexualisierte Gewalt in der evangelischen Kirche. Wie Theologie und Spiritualität sich verändern müssen, Freiburg/Basel/Wien 2022, 57–74, hier: 70.

werden, die Jugendliche auf der Beziehungsebene tatsächlich als Gegenüber ernst zu nehmen und wertzuschätzen sowie auf der inhaltlichen Ebene einen Relevanzgewinn ersichtlich zu machen im Stande ist. So benennen repräsentative Studien wie die internationale Konfi-Studie eben diese subjektorientierten Aspekte dialogischer Mitbestimmungs- und -gestaltungsmöglichkeit, vertrauensvoller Beziehungen auf Augenhöhe und lebensweltlicher Relevanz als Kernfaktoren der heutigen Jugendarbeit.[22] Sie bilden demnach die zentrale Voraussetzung für die Bereitschaft von Jugendlichen, sich längerfristig beispielsweise in einer Kirchengemeinde oder sonstigen Gemeinschaft einzubringen und sich auf Bindungen, Beziehungen und auch religiöse Lernprozesse einzulassen. Erstrebenswert wäre im Kontext einer Gesundheitsseelsorge also das *bottom-up* Profil einer gerade auch im Blick auf die Jugendlichen konsequent subjektorientierten Seelsorge in einer Kirchengemeinde, die im Zusammenspiel von thematischen Mitbestimmungs- und -gestaltungsmöglichkeiten, persönlicher Relevanz und lebensphasenübergreifend-begleitender Beziehungsorientierung gesundheitssensibel agiert. Auf den Punkt gebracht könnte als Leitlinie daher gelten: Gesundheitsseelsorge nicht an und für, sondern *mit* den Kindern und Jugendlichen[23], als partizipatives, lebensweltbezogenes und beziehungsorientiertes Empowerment zur Stärkung der verschiedenen Dimensionen von Gesundheit[24] bei Kindern und Jugendlichen.

7.3.3 Zur inhaltlichen Ausrichtung: zwischen krisenorientierter Defizitfokussierung und lebensweltbezogener Gesundheitssensibilisierung

Auf einer dritten Ebene kann nun gefragt werden, welche Aspekte hinsichtlich der inhaltlichen Ausrichtung zum Tragen kommen. Hier wäre im Zuge der unternommenen Verhältnisbestimmung zwischen Kinder- und Jugendseelsorge und Gesundheitsseelsorge an ein Spannungsfeld zwischen Defizitfokussierung und Gesundheitssensibilisierung zu denken.

Wie bei den konzeptionellen Umrissen einer Gesundheitsseelsorge von Isabelle Noth skizziert[25], sind Gesundheitsseelsorgende für Personen unabhängig von ihren körperlichen, psychischen und seelischen Zuständen ansprechbar und somit nicht nur für diejenigen, die den Kriterien einer medizinischen Krankheitsdefinition genügen. Es geht demnach um ein Dasein nicht nur bei akut krisenhaften Ereignissen mit Defizitfokussierung, sondern um einen Ansatz, der gemäss Elisabeth Wacker

---

22 Vgl. Ilg et al., Developing Confirmation Work in Europe, 356 ff.
23 Vgl. Günther, Jugendseelsorge, 19.
24 Vgl. die Rede von einer körperlichen, seelischen und sozialen Dimension von Gesundheit bei Hans-Martin Rieger, Gesundheit als Kraft zum Menschsein. Interdisziplinäre und theologische Erkundungen zur Zielkategorie »Gesundheit«, in: Noth/Wild/Ingold/Roth (Hg.), Gesundheitsseelsorge in der Schweiz, 39–83, hier: 67 f.
25 Vgl. Noth, Von der Spitalseelsorge zur Gesundheitsseelsorge, 28–30.

Gesundheit »immer zum Thema«[26] macht. Ein solcher Ansatz wäre in den weiteren Horizont einer frühzeitigen, längerfristigen und beständigen Gesundheitssensibilisierung einzuzeichnen.

Dem frühzeitigen Ansatz einer Gesundheitssensibilisierung gerade im Blick auf das Durchlaufen der Lebensphase Jugend, die – wie sogleich noch auszuführen sein wird – von zahlreichen mitunter als krisenhaft zu charakterisierenden Entwicklungsaufgaben geprägt ist, kann nicht nur eine Berechtigung, sondern eine Dringlichkeit zugeschrieben werden. Führt man sich exemplarisch die Befunde der bereits genannten Studie[27] vor Augen, wonach insbesondere die psychische Gesundheit vieler Jugendlicher im Argen liegt, diese jedoch zugleich vor allem in schulischen Kontexten nicht das Gefühl haben, über ihre Anliegen reden zu können, so wird der Bedarf sehr deutlich, bereits junge Menschen – für die das Thema Gesundheit und Krankheit vielleicht noch nicht in der körperlichen, aber dafür umso mehr in seiner seelischen und sozialen Dimension bedeutsam ist – frühzeitig für das Thema Gesundheit zu sensibilisieren.

Im Rahmen einer *bottom-up* Gesundheitsseelsorge *mit* Jugendlichen könnte dies wie oben ausgeführt bezogen auf gemeinsam mit den Jugendlichen vor Ort festzulegende thematische Zusammenhänge geschehen.

Denkbar wären offene und niedrigschwellige Angebote beispielsweise in Form von Workshops oder Aktions- und Partizipationsmöglichkeiten, die sich lebensnah damit befassen, wie die von der Sozialisationstheorie so bezeichneten Entwicklungsaufgaben des Jugendalters in körperlich, seelisch und sozial »gesunder«, für das Wohlbefinden der Jugendlichen förderlicher und sie unterstützender Weise bewältigt werden können. Zu denken wäre im Sinne einer Anknüpfung an lokale Gegebenheiten und Strukturen auch an kooperative Formate mit der örtlichen Jugendarbeit und mit allenfalls bereits bestehenden schulischen Formen der Hinwendung zu Kindern und Jugendlichen beispielsweise im Bereich einer Schulseelsorge. Sinnvoll könnten dabei gesundheitssensibilisierende Angebote mit Jugendlichen erscheinen, die sich thematisch an den Entwicklungsaufgaben Jugendlicher hinsichtlich deren Konfrontation mit körperlichen, psychischen und sozialen Anforderungen und (Rollen-)Erwartungen ausrichten. Hierzu zählen insbesondere die klassischen Themenfelder Körper, Sexualität, Freundschaften/Peer Group, Schule, Ablösung von den Eltern, Sinnfrage und Identitätsentwicklung.[28]

Ein weiterer thematischer Aspekt, der einer Aufzählung zentraler gegenwärtiger Entwicklungsaufgaben hinzuzufügen und der womöglich sogar als eine eigene Di-

---

26 Vgl. Elisabeth Wacker, Wegweisung zur Gesundheit. Gesundheit als Gemeingut, in: dies. et al., Gesundheit – Teilhabechancen – Diskriminierungsrisiken. Health in All Policies als Querschnittsaufgabe bei Beeinträchtigungen und Behinderung, Wiesbaden 2023, 1–22, hier: 2.

27 Vgl. https://deutsches-schulportal.de/bildungswesen/deutsches-schulbarometer-schueler-2024-jeder-fuenfte-junge-mensch-berichtet-von-psychischen-problemen/ (Zugriff am 28.5.2025).

28 Vgl. Göppel, Das Jugendalter. Entwicklungsaufgaben, Entwicklungskrisen, Bewältigungsformen; vgl. auch Tobias Fritsche, Jugendkirche als Gemeinde. Subjektive Theorien junger Menschen und kirchentheoretische Dimensionen, Stuttgart 2024, 21 ff.

mension der Gesundheit von Kindern und Jugendlichen zu erachten wäre, darf im Zuge einer subjektorientierten Gesundheitssensibilisierung aufgrund seiner zunehmenden Dringlichkeit nicht außen vor gelassen werden. Er betrifft die Frage nach der *digitalen Gesundheit*, die ein aktueller Bericht des WHO-Regionalbüros für Europa[29] in den Mittelpunkt stellt, wenn er auf digitale Reizüberflutung als erheblichen Risikofaktor für die Gesundheit von Kindern und Jugendlichen hinweist. So wird ein starker Anstieg problematischer Nutzung der sozialen Medien bei Jugendlichen konstatiert. In Verbindung mit der Erkenntnis, dass 12 Prozent der Jugendlichen durch problematisches Spielverhalten und eine steigende Zahl Jugendlicher durch problematische Nutzungsweisen sozialer Medien gefährdet sind, gebe dies Anlass zu großer Sorge über die Auswirkungen der digitalen Technologie auf die psychische Gesundheit und das Wohlbefinden junger Menschen.

In einer Art »Fahrplan«[30] fordert die WHO (World Health Organization) sodann dazu auf, dem digitalen Wohlbefinden von Jugendlichen mehr Priorität einzuräumen, und äussert Handlungsappelle in Richtung verschiedener Entscheidungsträger und gesundheitsrelevanter Institutionen. Diese Appelle enthalten mitunter die Aufforderung, ein gesundheitsförderndes Umfeld zu schaffen, einen offenen Dialog über das digitale Wohlbefinden zu führen und ein Bewusstsein für digitale Gesundheit zu stärken. Es erscheint angezeigt, diese Appelle auch und gerade im Kontext eines gesundheitsseelsorglichen Ansatzes mit Kindern und Jugendlichen in ihrer Dringlichkeit wahrzunehmen, um durch den Einbezug des Themenfeldes einer *digitalen* Gesundheit bei Kindern und Jugendlichen an weiterer Aktualität und Relevanz zu gewinnen.

Denn es bleibt festzuhalten: die Art und Weise, wie die Lebensphase Jugend inklusive der damit verbundenen Entwicklungsaufgaben durchlebt wird und wie gerade in dieser Lebensphase, die von Verletzlichkeit und Verunsicherung geprägt sein kann, digitale Technologien und soziale Medien genutzt werden, hat unmittelbare Auswirkungen auf die Gesundheit von Jugendlichen. Gesundheitsseelsorge mit Jugendlichen kann demnach auch bedeuten, durch die Thematisierung eben dieser Themen und die Eröffnung von *safe spaces* im Sinne von digitalen oder analogen Räumen, in denen Zuhören, Austausch, Gespräche und Hilfestellung möglich sind, eine Sensibilisierung unter den Jugendlichen für ihre eigene Gesundheit zu fördern – und somit womöglich eine *digital community* als oder zumindest auf dem Weg zu einer *caring community* erfahrbar zu machen.[31]

---

29 Meyran Boniel-Nissim/Claudia Marino/Tommaso Galeotti et al., A focus on adolescent social media use and gaming in Europe, central Asia and Canada. Health Behaviour in School-aged Children international report from the 2021/2022 survey, Vol. 6, Copenhagen 2024, vgl. https://iris.who.int/bitstream/handle/10665/378982/9789289061322-eng.pdf?sequence=2&isAllowed=y (Zugriff am 28.5.2025).

30 WHO Europe, Jugendliche, Bildschirme und psychische Gesundheit, vgl. https://www.who.int/europe/de/news/item/25-09-2024-teens--screens-and-mental-health (Zugriff am 28.5.2025).

31 Vgl. Noth, Von der Spitalseelsorge zur Gesundheitsseelsorge, 34: »Das Projekt einer Gesundheitsseelsorge ist im Kern in seiner inneren Verbindung zum Anliegen der Bewegung von *Caring Communities* bzw. sorgender Gemeinschaften zu sehen und kann auch als Versuch verstanden werden, im Bereich von Gesundheit kirchlich-theologisch selbstwirksam zu werden.«

7.4 Zur Zielperspektive und möglichen »outcomes«: Zwischen poimenischer Ergebnisoffenheit und gesundheitsbezogener Kompetenzförderung innerhalb einer Gesundheitsbildung

Vor dem Hintergrund eines religionspädagogisch-kompetenzorientierten Bildungskontextes soll darüber hinaus zumindest in knapper Weise noch die Ebene einer Zielperspektive und die Frage nach möglichen »outcomes« thematisiert werden, die im vorliegenden Zusammenhang in einem Spannungsfeld zwischen den Polen einer Ergebnisoffenheit und im besten Sinne Zweckfreiheit von Seelsorge auf der einen Seite sowie einer möglichen Förderung von gesundheitsbezogenen Kompetenzen auf Seiten der Kinder und Jugendlichen andererseits zum Tragen kommt.

Ausgehend von dem Ansatz einer Gesundheitsseelsorge, die auf einem »emanzipatorischen Gesundheitsverständnis« basiert und Gesundheit demnach »nicht ausschliesslich als Zustand, sondern auch als Fähigkeit«[32] versteht, kommt auch dezidiert die Förderung von »Gesundheitskompetenzen«[33] zur Sprache, denn: »In der Gesundheitsseelsorge werden Personen ein Stück weit von ihrer Gesundheit und auf diese hin emanzipiert.«[34]

In religionspädagogischer Lesart stellt sich daran anschließend unmittelbar die Frage: Wäre es möglich und vertretbar, hier auch den Ansatz eines Bildungsauftrags herauszuhören und die Möglichkeit zum Angebot einer gesundheitsseelsorglichen Begleitung von Gesundheitsbildung als einer Dimension religiöser Bildung in Betracht zu ziehen? Schließlich heißt es auch in der Ottawa-Charter der WHO von 1986:

> »Health is created and lived by people
> within the settings of their everyday life;
> where they *learn*, work, play and love.
> Health is created by caring for oneself
> and others, by being able to take
> decisions and have control over one's
> life circumstances, and by ensuring that
> the society one lives in creates
> conditions that allow the attainment of
> health by all its members.«[35]
> (WHO 1986: Ottawa-Charter for Health Promotion)

Ausdrücklich erfolgt die Nennung eines nicht weiter spezifizierten Lernsettings – »where they *learn*« –, in dessen Rahmen ebenfalls ein Beitrag zur Gesundheitsförderung geleistet werden soll. So könnte im Zuge einer Gesundheitsbildung, die eigens

---

32 Noth, Von der Spitalseelsorge zur Gesundheitsseelsorge, 33.
33 Noth, Von der Spitalseelsorge zur Gesundheitsseelsorge, 33.
34 Noth, Von der Spitalseelsorge zur Gesundheitsseelsorge, 34.
35 WHO (World Health Organization), Ottawa Charter for Health Promotion, https://www.who.int/teams/health-promotion/enhanced-wellbeing/first-global-conference/actions (Zugriff am 28.5.2025; Hervorhebung EK).

als eine mögliche Dimension religiöser Bildung konturiert werden kann, in Anknüpfung an die Überlegungen auf der inhaltlich-thematischen Ebene etwa an die Förderung gesundheitsbezogener Kompetenzen wie den gesundheitssensiblen Umgang mit den Transformationsprozessen der Jugendphase und die gesundheitssensible Entwicklung digitaler Kompetenzen gedacht werden.

Doch während bei all dem der kompetenzorientierte Bildungsgedanke sicherlich mit dem skizzierten Anliegen einer Gesundheitsseelsorge mit Kindern und Jugendlichen vereinbar wäre, wäre wohl jedoch von einer zumindest im schulpädagogischen Kontext üblichen Messung der angestrebten Kompetenzen Abstand zu nehmen. So würde es insbesondere einem ergebnisoffenen Seelsorgeverständnis zuwiderlaufen, Gesundheitsseelsorge mit Kindern und Jugendlichen gleichsam auf ein Gelingen hin ausrichten zu wollen. Vielmehr geht es um ein Agieren im »Modus des Angebots«[36], mit dem die Kinder und Jugendlichen als Subjekte frei umgehen, während zugleich jedoch die Chancen für eine Zugänglichkeit zu erhöhen sind. Diese Spannung auszuhalten und zu gestalten kann abschließend als eine wesentliche Aufgabe für gesundheitssensible Seelsorgeangebote im Miteinander mit Kindern und Jugendlichen festgehalten werden.

7.5 Abschließende Gedanken und Zusammenfassung

Gemäß der Jugendtrendstudie 2025 rund um den Generationenforscher Rüdiger Maas[37] sind junge Menschen aufgrund vielfältiger Krisen, Unsicherheiten und digitaler Reizüberflutung gestresster, pessimistischer und ängstlicher als vorherige Generationen. So gebe es für 40 Prozent der jungen Menschen keinen Zuversichtspunkt und kaum etwas, das Hoffnung macht. Angesichts derartiger Befunde wird ersichtlich, dass das Themenfeld Gesundheit auch im Blick auf junge Menschen und insbesondere vor dem Hintergrund der psychischen, seelischen, sozialen und auch digitalen Dimension von Gesundheit in seiner aktuellen und künftigen Bedeutsamkeit kaum zu überschätzen ist.

Dieser Beitrag skizziert ein Verständnis von Gesundheitsseelsorge *mit* Kindern und Jugendlichen als subjektorientierte, lebensdienliche und individuumsstärkende Begleitung von Kindern und Jugendlichen auf dem in multidimensionaler Hinsicht herausfordernden Weg des Heranwachsens. Wo Kinder- und Jugendseelsorge bisher eher eine randständige Beachtung erfährt, könnte in der Gesundheitsseelsorge aufgrund der drängenden Aktualität des Themas Gesundheit gerade im Blick auf die Kinder und Jugendlichen eine der zentralen poimenischen Gegenwarts- und Zukunftsaufgaben gesehen werden.

Wo Kinder- und Jugendseelsorge konzeptionell gesehen lebensphasenspezifisch ausgerichtet ist und sich an eine Zielgruppe wendet, die sich dadurch auszeichnet, einer ganz speziellen Lebensphase anzugehören, ist Gesundheitsseelsorge lebens-

---

36 Vgl. hierzu auch den Beitrag von Uta Pohl-Patalong in diesem Band.
37 Vgl. Institut für Generationenforschung (Hg.), Jugendtrendstudie 2025, Augsburg 2025.

phasenübergreifend und beziehungsorientiert angelegt – benötigt dann allerdings passgenaue Konkretionen, um für Kinder und Jugendliche einen Mehrwert darzustellen und ihren Bedürfnissen in subjektorientierter Form einer Gesundheitsseelsorge *mit* Kindern und Jugendlichen anstatt an und für sie zu entsprechen.

Wo Kinder- und Jugendseelsorge schwerpunktmäßig krisenfokussiert und defizitorientiert agiert, ist Gesundheitsseelsorge inhaltlich auf das Thema Gesundheit in verschiedenen Facetten und Dimension bezogen und fragt nach Möglichkeiten zur Förderung einer kind- und jugendgemäßen Gesundheitssensibilisierung. Thematisch herauszugreifen sind dabei insbesondere Fragen, die mit den Herausforderungen des Heranwachsens und Erwachsenwerdens zusammenhängen (Entwicklungsaufgaben im körperlichen, psychischen, sozialen und gesellschaftlichen Bereich) sowie Fragen, die mit den Herausforderungen einer sich zunehmend im digitalen Raum abspielenden Lebenswelt und den Auswirkungen auf die Gesundheit junger Menschen zu tun haben.

Hinsichtlich der versuchten Verhältnisbestimmung dürfte somit deutlich geworden sein, dass Kinder- und Jugendseelsorge und Gesundheitsseelsorge mit Kindern und Jugendlichen weniger als zwei konzeptionell trennscharf zu unterscheidende, sondern vielmehr eigens akzentuierte seelsorgliche Wirkungsbereiche zu verstehen sind, die sich die unterstützende Begleitung von Kindern und Jugendlichen inmitten komplexer Herausforderungen des Heranwachsens und Erwachsenwerdens zur Aufgabe machen.

8. Gesundheit in religionspsychologischer Sicht – salutogene Effekte von Religiosität und die spirituelle Dimension des Befindens

Constantin Klein

8.1 Einleitung

Wenn das Thema Gesundheit aus religionspsychologischer Sicht betrachtet wird, wird dabei häufig nach Zusammenhängen zwischen Religion/Religiosität/Spiritualität[1] und Gesundheit gefragt. Damit wird ein gewisser Fokus auf mögliche gesundheitsdienliche oder -hinderliche Effekte von R/S gerichtet, wodurch andere Perspektiven – etwa wie sich ihrerseits R/S infolge von Krankheitserfahrungen verändern können[2] oder wie sich innerhalb der Symptomatik mancher psychiatrischer Krankheitsbilder, etwa den Wahnwahrnehmungen schizophrener Patient*innen, ggf. r/s Züge zeigen können[3] – tendenziell in den Hintergrund treten. In dieser Fokussierung spiegelt sich

---

1 Es gibt eine umfangreiche, bis in die Gegenwart andauernde Diskussion in der (Religions-)Psychologie und in angrenzenden Wissenschaftsdisziplinen darüber, wie Religion bzw. Religiosität oder Spiritualität zu definieren sind und welcher Begriff als weitergefasster zu verstehen ist und den jeweils anderen miteinschließt. Diese Diskussion soll hier nicht eigens aufgegriffen werden. Überblicksdarstellungen finden sich u. a. bei Kenneth I. Pargament, Searching for the sacred: Toward a nonreductionistic theory of spirituality, in: Kenneth I. Pargament/Julie J. Exline/James W. Jones (Eds.), APA handbook of psychology, religion, and spirituality (Vol. 1): Context, theory, and research, Washington DC 2013, 257–273; Heinz Streib/Constantin Klein, Religion and spirituality, in: Michael Stausberg/Stephen Engler (Eds.), Oxford Handbook of Religious Studies, Oxford 2016, 73–83. In diesem Aufsatz wird ein integratives Modell präsentiert, in dem eine Vielzahl theoretischer Konzepte und Dimensionen von Religion/Religiosität/Spiritualität aufgegriffen werden. Da manche davon im Original mit dem Religionsbegriff (z. B. »Zentralität der Religiosität«, »intrinsische Religiosität«, »religiöses Coping«), andere hingegen mit dem Spiritualitätsbegriff (z. B. »spirituelle Konflikte«, »spiritueller Schmerz« oder »spirituelles Wohlbefinden«) operieren, wird im Text durchgängig von R/S bzw. von r/s (als Adjektiven) Konzepten gesprochen.
2 Vgl. dazu z. B. Kenneth I. Pargament, Spiritually integrated psychotherapy. Understanding and addressing the sacred, New York 2007, oder Bernhard Grom, Religionspsychologie, München 2007.
3 Diese Perspektive hatte bereits viele Pioniere der Psychiatrie wie Pierre Janet, Theodore Flournoy oder Kurt Schneider beschäftigt; vgl. David M. Wulff, Psychology of religion. Classic and contempory, New York 1997. Vgl. als jüngere Beiträge aus klinisch-psychologischer Sicht Sylvia Mohr/Pierre-Yves Brandt/Laurence Borras/Christiane Gilliéron/Philipp Huguelet, Die Bedeutung von Religiosität und Spiritualität innerhalb der psychosozialen Dimension von Schizophrenie, in: Constantin Klein/Hendrik Berth/Friedrich Balck (Hg.), Gesundheit – Religion – Spiritualität. Konzepte, Befunde und Erklärungsansätze, Weinheim 2011, 301–320; sowie aus seelsorglicher Sicht Ronald Mundhenk, Sein wie Gott. Aspekte des Religiösen im schizophrenen Erleben und Denken, Neumünster 1999.

durchaus eine Entwicklung von den teils stark ideologisch geführten Debatten in der Frühzeit der Psychologie – zu denken ist etwa an Freuds berühmtes Diktum von R/S als »kollektiver Zwangsneurose«[4] – hin zu einer stärkeren Konzentration auf die Diskussion vorliegender empirischer Befunde und die daraus abzuleitenden Konsequenzen für die gesundheitliche Praxis.[5]

Im Zuge der beschriebenen Entwicklung sind diverse Mechanismen, über die R/S zu besserer psychischer und physischer Gesundheit sowie zum psychologischen Wohlbefinden beitragen könnte, diskutiert worden. Peterson und Roy[6] gehörten zu den ersten, die mehrere mögliche r/s Quellen einer besseren Gesundheit benannt haben. Dazu gehören erstens positive Emotionen wie Hoffnung, Optimismus und Trost, die durch R/S vermittelt werden können. Zweitens kommt R/S als wichtige Ressource der persönlichen Sinnfindung in Betracht. Drittens können r/s Gemeinschaften eine bedeutsame Quelle für soziale Unterstützung darstellen. Im Bemühen, bestehende Erklärungsansätze systematisch zusammenzustellen, identifizierte Ellen Idler[7] Kohärenzsinn, soziale Unterstützung, r/s motiviertes gesundheitsdienliches Verhalten sowie r/s Bewältigungsstrategien (»Coping«) als mögliche Mechanismen, über die R/S gesundheitliche Effekte entfalten kann. R/s Coping ist seit dem Ende des letzten Jahrhunderts intensiv durch Kenneth Pargament und seine Kolleg*innen beforscht worden.[8] Daniel McIntosh und Bernard Spilka[9] haben den Fokus auf eine internale Kontrollüberzeugung und eine tiefe Gottesbeziehung, die Geborgenheit vermitteln und das Selbstwertgefühl stärken kann, gelegt, während Crystal Park[10] insbesondere die Bedeutung von R/S als sinnstiftendes »Meaning System« betont. Anette Dörr[11] betrachtet daneben auch r/s begründete Werthaltungen wie Demut, Mäßigung, Altruismus und soziales Engagement, die zu einer größeren Verträglichkeit

---

4 Vgl. Sigmund Freud, Zwangshandlungen und Religionsübungen (1907), in: Alexander Mitscherlich/Angela Richards/James Strachey (Hg.), Sigmund Freud – Studienausgabe. Bd. 7. Zwang, Paranoia und Perversion, Frankfurt a. M. 2000, 11–21.
5 Vgl. Harold G. Koenig/Michael E. McCullough/David B. Larson, Handbook of religion and health, New York 2001; ders./Dana E. King/Verna B. Carson, Handbook of religion and health (2nd ed.), New York 2012; Richard P. Sloan, Blind faith: The unholy alliance of religion and medicine, New York 2006; Richard P. Sloan/Emilia Bagiella/Larry Vandecreek/Margot Hover/Carlo Casalone/Trudi Jinpu Hirsch/Yusuf Hasan/Ralph Kreger/Peter Poulos, Should Physicians Prescribe Religious Activities?, in: New England Journal of Medicine, 342 (2000), 1913–1916.
6 Vgl. Larry R. Peterson/Anita Roy, Religiosity, anxiety, and meaning and purpose, in: Review of Religious Research, 27 (1985), 49–62.
7 Vgl. Ellen L. Idler, Religious involvment and the health of the elderly: Some hypotheses and an initial test, in: Social Forces, 66 (1987), 226–238; dies., Cohesiveness and coherence: Religion and the health of the elderly, New York 1994.
8 Übersichten finden sich bei Kenneth I. Pargament, The psychology of religion and coping. Theory, research, practice, New York 1997; ders., Spiritually integrated psychotherapy; ders./Melissa D. Falb/Gene G. Ano/Amy B. Wachholtz, The religious dimension of coping: Advances in theory, research, and practice, in: Raymond F. Paloutzian/Crystal L. Park (Eds.), Handbook of the psychology of religion and spirituality (2nd ed.), New York 2013, 560–579.
9 Vgl. Daniel N. McIntosh/Bernard Spilka, Religion and physical health: The role of personal faith and control beliefs, in: Research in the Social Scientific Study of Religion, 2 (1990), 167–194.

und Schicksalsschläge annehmenden Haltung beitragen können, als salutogene Ressourcen. Im deutschsprachigen Diskurs wurden die genannten Mechanismen neben Dörr v. a. von Bernhard Grom sowie von Sebastian Murken und Marion Schowalter systematisch erfasst und eingeführt.[12]

8.2 Das Vulnerabilitäts-Stress-Modell als integrativer Rahmen zur Modellierung gesundheitlicher Effekte von R/S

Viele der genannten Mechanismen sind in Modelle, die die Beziehungen zwischen R/S, Gesundheit und Wohlbefinden abzubilden versuchen, aufgenommen worden.[13] Eines der bisher differenziertesten Modelle wurde von Harold Koenig und Kolleg*innen[14] vorgestellt. Sie unterscheiden zwischen verschiedenen Dimensionen von R/S (r/s Erziehung/Sozialisation, öffentliche und private r/s Praxis, persönliche Bedeutung von R/S, r/s Erfahrungen und r/s Coping), die u. a. von persönlichen Entscheidungen, genetischen und psychologischen Dispositionen und situativen Faktoren abhängig sind, ihrerseits tugendhafte Verhaltensdispositionen, Situationsbewertungen und Copingstrategien mitbestimmen können und darüber final Effekte auf die psychische und physische Gesundheit entfalten können. Wiewohl dieses Modell zahlreiche der oben genannten Mechanismen miteinschließt, soll hier detaillierter ein anderes

---

10 Vgl. Crystal L. Park, Religion as a meaning-making framework in coping with life stress, in: Journal of Social Issues, 61 (2005), 707–729; dies., Religiousness/spirituality and health. A meaning systems perspective, in: Journal of Behavioral Medicine, 30 (2007), 319–328; dies./Susan Folkman, Meaning in the context of stress and coping, in: Review of General Psychology, 1 (1997), 115–144.
11 Vgl. Anette Dörr, Religiosität und psychische Gesundheit. Zur Zusammenhangsstruktur spezifischer religiöser Konzepte, Hamburg 2001.
12 Vgl. Bernhard Grom, Religiosität und das Streben nach positivem Selbstwertgefühl, in: Gunther Klosinski (Hg.), Religion als Chance oder Risiko. Entwicklungsfördernde und entwicklungshemmende Aspekte religiöser Erziehung, Bern 1994, 102–110; Marion Schowalter/Sebastian Murken, Religion und psychische Gesundheit – empirische Zusammenhänge komplexer Konstrukte, in: Christian Henning/Sebastian Murken/Erich Nestler (Hg.), Einführung in die Religionspsychologie, Paderborn 2003 139–162.
13 Z. B. von Jeffrey S. Levin, How religion influences morbidity and health: Reflections on natural history, salutogenesis and host resistance, in: Social Science and Medicine, 43 (1996), 849–864; Koenig et al., Handbook of religion and health; Doug Oman/Carl E. Thoresen, Do religion and spirituality influence health?, in: Raymond F. Paloutzian/Crystal L. Park (Eds.), Handbook of the psychology of religion and spirituality, New York 2005, 435–459; oder Crystal L. Park/Jeanne M. Slattery, Religion, spirituality, and mental health, in: Raymond F. Paloutzian/Crystal L. Park (Eds.), Handbook of the psychology of religion and spirituality (2nd ed.), New York, 2013, 540–559.
14 Vgl. Koenig et al., Handbook of religion and health (2nd ed.); Harold G. Koenig/Tyler J. VanderWeele/John R. Peteet (Eds.), Handbook of religion and health (3rd ed.), New York 2024.

Modell vorgestellt werden, das gemeinsam mit Cornelia Albani und Christian Zwingmann[15] entwickelt wurde und auf einem der etabliertesten Modelle der (Psycho-)Pathogenese, dem Vulnerabilitäts-Stress-Modell,[16] aufbaut (vgl. Abb. 1). Gegenüber dem Modell von Koenig und Kolleg*innen unterscheidet es sich weniger hinsichtlich der berücksichtigten r/s Faktoren als vielmehr bezüglich der Art und Weise, wie darin die zugrundeliegenden psychosozialen Mechanismen arrangiert sind.

Gemäß den Annahmen des Vulnerabilitäts-Stress-Modells lassen sich Wohlbefinden, psychosoziale und in Teilen auch physische[17] Gesundheit als Folge der Reaktionen eines Menschen auf externe Herausforderungen wie Alltags- und chronischen Stress oder kritische Lebensereignisse, aber auch internale Stressoren verstehen. Sie sind im Modell als *Anforderungen* ganz links wiedergegeben. Wie gut es gelingt, mit diesen Anforderungen zurechtzukommen, hängt vom Zusammenspiel einer Reihe weiterer Faktoren ab, die sich innerhalb des Modells von links nach rechts anschließen. Dazu gehören zunächst *Prädispositionen* aufgrund der persönlichen genetischen Anlage sowie der Sozialisation durch die Umwelt, in der jemand aufgewachsen ist. In der Gegenwart fußen auf diesen Prädispositionen individuelle und soziale *gesundheitliche Ressourcen und Risikofaktoren*, die ihrerseits zu besserer oder schlechterer

---

15 Vgl. Constantin Klein/Cornelia Albani, Die Bedeutung von Religion für die psychische Befindlichkeit: Mögliche Erklärungsansätze und allgemeines Wirkmodell, in: Zeitschrift für Nachwuchswissenschaftler, 3 (2011), 7–58; dies., Religiosität und psychische Gesundheit – empirische Befunde und Erklärungsansätze, in: Constantin Klein/Hendrik Berth/Friedrich Balck (Hg.), Gesundheit – Religion – Spiritualität. Konzepte, Befunde und Erklärungsansätze, Weinheim, 215–245; Constantin Klein/Isabelle Noth/Annette Haussmann/Hans-Jörg Znoj, Psychological well-being and religiosity/spirituality of pastoral caregivers in a time of crisis, in: Wege zum Menschen, 76 (2024), 63–81; Christian Zwingmann/Constantin Klein, Deutschsprachige Fragebögen zur Messung von Religiosität/Spiritualität. Stellenwert, Klassifikation und Auswahlkriterien, in: Spiritual Care, 1 (2012-3), 7–21; dies., Sind religiöse Menschen gesünder, und wenn ja, warum? Ergebnisse empirisch-sozialwissenschaftlicher Forschung, in: Spiritual Care, 2 (2013-2), 21–36; dies., Religion and health from the view of psychology of religion: Empirical results – possible pathways – cultural context, in: Beate Jakob/Birgit Weyel (Eds.), Spirituality, mental health, and social support. A community approach, Berlin 2020, 38–55; Michael Utsch/Sarah Demmrich, Psychologie des Glaubens. Einführung in die Religionspsychologie, Göttingen 2023.
16 Vgl. Rick E. Ingram/Joseph M. Price, Vulnerability to psychopathology. Risk across the lifespan, New York 2001; Marvin Zuckerman, Vulnerability to psychopathology. A biosocial model, Washington DC 1999.
17 Da das Vulnerabilitäts-Stress-Modell aus dem Kontext der »Psych«-Fächer (Psychiatrie, Psychosomatische Medizin, Klinische, medizinische und Gesundheitspsychologie, Psychotherapie) stammt, fokussiert es unmittelbar zunächst einmal auf psychosoziale Aspekte von Gesundheit und Wohlbefinden. Diese sind ihrerseits jedoch über psychoneuroimmunologische Prozesse auch vielfach mit der körperlichen Gesundheit verbunden; vgl. dazu mit Blick auf R/S etwa Harold G. Koenig/Harvey J. Cohen, The link between religion and health: Psychoneuroimmunology and the faith factor, New York 2002; ders. et al., Handbook of religion and health (2nd ed.); ders. et al., Handbook of religion and health (3rd ed.); Doug Oman, Religious/spiritual effects on physical morbidity and mortality?, in: Doug Oman (Ed.), Why religion and spirituality matter for public health, New York 2018, 65–79.

Gesundheit beitragen können. Am unmittelbarsten gesundheitlich relevant sind konkrete präventive Lebensstilfaktoren (z. B. maßvoller Alkoholkonsum oder gänzliche Abstinenz) sowie Copingstrategien, die angewandt werden, um mit bereits bestehenden gesundheitlichen oder anderweitigen Belastungen umzugehen. Sie werden im Modell als *Gesundheits- und Bewältigungsverhalten* zusammengefasst. Alle genannten Faktoren können den aktuellen Status von *Gesundheit und Befindlichkeit* sowohl unmittelbar als auch mittelbar, mediiert über die nachfolgenden Modellkomponenten, mitbestimmen. Während die Begriffe *Gesundheit* und *Krankheit* dabei stärker die objektive Beurteilung des körperlichen und psychosozialen Funktionierens, wie es sich etwa nach ärztlicher oder psychologischer Diagnostik darstellt, bezeichnen, verweisen die Begriffe *Wohlbefinden* bzw. *Schmerz* stärker auf das subjektive Empfinden der Betroffenen und deren persönliche Bewertung ihres Befindens. Um im Anschluss an Aaron Antonovskys prominentes Salutogenesekonzept[18] zu verdeutlichen, dass objektive Gesundheit und subjektives Wohlbefinden bzw. Krankheit und Schmerz die Pole eines dynamischen Kontinuums zwischen Patho- und Salutogenese sind, wurden sie hier im Modell als Endpunkte eines Doppelpfeils dargestellt. Um verschiedene Dimensionen von Gesundheit und Wohlbefinden differenziert zu berücksichtigen wurde zudem im Anschluss an das in der Palliativversorgung etablierte Total-Pain-Modell[19] zwischen einer physischen, einer psychischen, einer sozialen und einer r/s Dimension unterschieden. Da Gesundheitszustand und Wohlbefinden ihrerseits auf andere Komponenten des Modells zurückwirken können – etwa, weil eine schwere körperliche Krankheit auch psychosoziale Belastungen nach sich zieht – werden diese retroaktiven Effekte im Modell durch gestrichelte Pfeile symbolisiert.

Bis hierher ist das Modell erst einmal weitgehend identisch mit dem allgemeinen Vulnerabilitäts-Stress-Modell. Theorien dazu, welche weiteren Facetten von R/S über welche psychosozialen Mechanismen gesundheitliche Effekte hervorbringen können, lassen sich jedoch ebenfalls innerhalb des beschriebenen theoretischen Rahmens verorten, um dadurch besser verstehen zu können, welche Rolle R/S im Prozess von Saluto- und Pathogenese spielen können und welche der Modellkomponenten dabei jeweils involviert sind. Dies soll im folgenden Abschnitt näher beschrieben werden.

---

18 Das Konzept der Salutogenese wurde von Antonovsky als komplementäres Modell zur Pathogenese entwickelt, um nicht allein darauf zu schauen, was Menschen krank macht, sondern viel stärker zu betrachten, was sie wieder gesund macht bzw. gesund erhält. Kennzeichnend für das Salutogenesekonzept ist das Health-Ease-Disease-Kontinuum (»HEDE-Kontinuum«), das beschreibt, dass Menschen fast nie vollständig gesund sind, sondern sich je nach aktuellem Zustand näher am Krankheits- oder am Gesundheitspol des Kontinuums befinden und dass sich diese Position je nach Krankheits- oder Genesungsverlauf immer wieder verändert (bzw. im Sinne der Salutogenese verändern lässt); vgl. Aaron Antonovsky, Unraveling the mystery of health. How people manage stress and stay well, San Francisco 1987.

19 Vgl. Maxxine Rattner, 'Total pain': Reverence and reconsideration, in: Frontiers in Sociology, 8 (2023), 1286208, sowie die Definition von Palliative Care auf der entsprechenden Website der Weltgesundheitsorganisation unter https://www.who.int/health-topics/palliative-care.

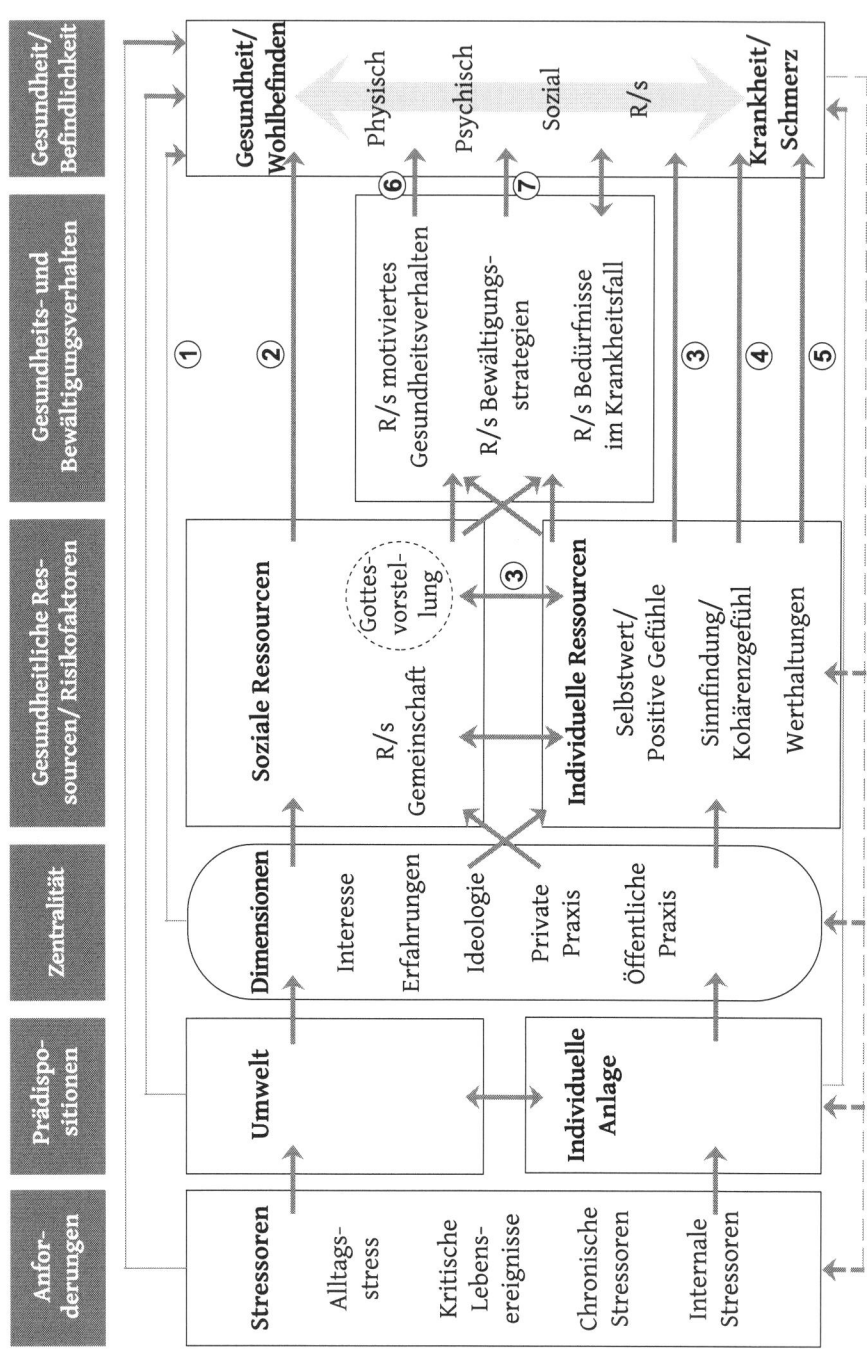

Abb. 1: Adaptiertes Vulnerabilitäts-Stress-Modell zu Effekten von R/S auf Gesundheit und Wohlbefinden

8.3 Spezifische Theorien zu den Beziehungen zwischen R/S, Gesundheit und Wohlbefinden

Viele der oben bereits kurz angesprochenen psychosozialen Mechanismen, die zur Erklärung gesundheitlicher Effekte von R/S herangezogen worden sind, lassen sich den von Idler, Dörr, Schowalter und Murken und anderen identifizierten theoretischen Erklärungsansätzen zuordnen. Insofern sind sie innerhalb des Vulnerabilitäts-Stress-Modells als eigenständige Theoriebausteine ergänzt. Da die Benennungen der einzelnen Theorien je nach Autor*innen variieren, werden sie innerhalb des Modells schlicht anhand des jeweiligen Wirkfaktors wiedergegeben. Sie sind in Abb. 1 durch die schwarzen Nummern in kleinen weißen Kreisen gekennzeichnet. Noch vor den spezifischen, im Rahmen eigenständiger Theorien beschriebenen r/s Faktoren (Pfeile Nummer 2 bis 7 in Abb. 1) ist allerdings auf die grundsätzliche Bedeutung der Zentralität von R/S innerhalb der Persönlichkeit eines Menschen einzugehen.

8.3.1 Zentralität von R/S (Pfeil Nummer 1 in Abb. 1)

Zahlreiche Befunde spiegeln, dass R/S grundsätzlich mit einer besseren psychischen wie auch physischen Gesundheit, besserem subjektiven Wohlbefinden und größerer Lebenszufriedenheit einhergehen. In der internationalen Forschung ist dies bereits seit Langem für die sogenannte »intrinsisch motivierte«, also um ihrer selbst willen und nicht aufgrund sozialer Erwartungen gelebte Religiosität dokumentiert.[20] Eine mittlerweile bereits klassische Meta-Analyse von Charles Hackney und Glenn Sanders über 35 Studien hinweg illustriert, dass die statistischen Zusammenhänge zwischen R/S-Maßen und Maßen für psychische Gesundheit und Wohlbefinden umso stärker werden, desto mehr R/S im Sinne von intrinsisch motivierter Religiosität und persönlicher Frömmigkeit anstelle von bloßer Religionszugehörigkeit oder der Zustimmung zu einzelnen Glaubensaussagen erfasst wird (mittlere Korrelation von $r = .15$).[21] Über 20 zwischen 1983 und 2019 veröffentliche Meta-Analysen hinweg wurde ebenfalls eine insgesamt zwar eher niedrige, aber stabile Korrelation (mittleres $r = .15$) zwischen allgemeiner R/S und Maßen für psychische, soziale und auch körperliche Gesundheit festgestellt.[22] Meta-analytische Berechnungen über vorliegende Befunde aus dem deutschsprachigen Raum sprechen für einen niedrigen, allerdings ebenfalls sta-

---

20 Vgl. Michael J. Donahue, Intrinsic and extrinsic religiousness: Review and meta-analysis, in: Journal of Personality and Social Psychology, 48 (1985), 400–419; Koenig et al., Handbook of religion and health; ders. et al., Handbook of religion and health (2nd ed.); ders. et al., Handbook of religion and health (3rd ed.).
21 Vgl. Charles H. Hackney/Glenn S. Sanders, Religiosity and mental health: A meta-analysis of recent studies, in: Journal for the Scientific Study of Religion, 42 (2003), 43–55.
22 Vgl. G. Tyler Lefevor/Edward Britt Davis/Jacqueline Y. Paiz/Abigail C. P. Smack, The relationship between religiousness and health among sexual minorities: A meta-analysis, in: Psychological Bulletin, 147 (2021), 647–666; Doug Oman/S. Leonard Syme, Weighing the evidence: What is revealed by 100+ meta-analyses and systematic reviews of religion/spirituality and

bilen mittleren Zusammenhang von *r* = 06. zwischen psychischer Gesundheit und Maßen für eine persönlich bedeutsame R/S.[23]

Aus diesem Grund ist das Konzept der Zentralität der R/S innerhalb des adaptierten Vulnerabilitäts-Stress-Modells ergänzt worden. Das Konzept der Zentralität wurde durch Stefan Huber entwickelt, um zu erfassen, ob R/S ein integraler und wichtiger Bestandteil innerhalb der Persönlichkeit eines Menschen ist und insofern eine bedeutsame Rolle in seinem Leben spielt oder nicht.[24] Im Modell ist die Zentralität der R/S zwischen den Prädispositionen und den gesundheitlichen Ressourcen und Risikofaktoren platziert, da sie sich sowohl lebensgeschichtlich ausgebildet hat als auch zu den gegenwärtigen persönlichen und sozialen Merkmalen eines Menschen zugeordnet werden kann. Sie ist in Abb. 1 oval geformt, um anzuzeigen, dass sie die Funktion einer Linse innehat, die filtert, in welchem Umfang die weiteren Komponenten des Modells wahrscheinlich durch R/S mitbestimmt werden oder nicht. Spielt R/S eine zentrale Rolle im Leben eines Menschen, so ist es schlicht wahrscheinlicher, dass auch r/s gesundheitliche Ressourcen vorhanden sind und dass im Falle von Belastungen auch r/s Bewältigungsstrategien genutzt werden, während diese Wahrscheinlichkeit bei einem gänzlich unreligiösen bzw. nicht spirituellen Menschen deutlich geringer sein dürfte.[25] Insofern bestimmt die Zentralität der R/S grundlegend mit, inwieweit die weiteren r/s Wirkfaktoren gesundheitlich zum Tragen kommen.

Im Folgenden werden die im Rahmen eigener Theorien beschriebenen spezifischen r/s Wirkfaktoren detaillierter vorgestellt.

---

health?, in: Doug Oman (Ed.), Why religion and spirituality matter for public health, New York 2018, 261–281. Effekte auf die körperliche Gesundheit wurden beispielsweise durch die Meta-Analyse von Yoichi Chida/Andrew Steptoe/Linda H. Powell, Religiosity/spirituality and mortality. A systematic quantitative review, in: Psychotherapy and Psychosomatics, 78 (2009), 81–90, dokumentiert (HR = 0.82), Effekte auf das soziale Befinden von onkologischen Patient*innen durch die Meta-Analyse von Allen C. Sherman/Thomas V. Merluzzi/James E. Pustejovsky/Crystal L Park/Login George/George Fitchett/Heather S. L. Jim/Alexis R. Munoz/Suzanne C. Danhauer/Mallory A. Snyder/John M. Salsman, A meta-analytic review of religious or spiritual involvement and social health among cancer patients, in: Cancer, 121 (2015–21), 3779–3788 (Fishers z = .20).

23 Vgl. Bastian Hodapp, Religiosität/Spiritualität und psychische Gesundheit. Eine Metaanalyse über Studien aus dem deutschsprachigen Raum, Hamburg 2017; ders./Christian Zwingmann, Religiosity/Spirituality and mental health: A meta-analysis of studies from the German-speaking area, in: Journal of Religion and Health, 58 (2019), 1970–1998.

24 Das Konzept der Zentralität weist einige Ähnlichkeit zum von Gordon Allport entwickelten Konzept der intrinsisch motivierten Religiosität (im Unterschied zu einer bloß extrinsisch motivierten Religiosität) auf; vgl. Gordon W. Allport/Michael J. Ross, Personal religious orientation and prejudice, in: Journal of Personality and Social Psychology, 5 (1967), 432–443. Allerdings vermeidet das Zentralitätskonzept die implizite Wertung einer »besseren« (intrinsischen) gegenüber einer »schlechteren« (extrinsischen) r/s Motivation durch die Konzentration der Frage nach der r/s Motivation auf die bloße Stärke ebendieser Motivation. Insofern vermeidet es die von Huber entwickelte Zentralitätsskala auch weitestgehend, bestimmte Glaubensinhalte abzufragen, sondern operationalisiert die Zentralität anhand der Häufigkeit bzw. Stärke basaler r/s Ausdrucksformen wie einfacher r/s Erfahrungen, Gedanken und Praktiken; vgl. Stefan Huber, Zentralität und Inhalt. Ein neues multidimen-

8.3.2 Soziale Unterstützung durch die r/s Gemeinschaft (Pfeil Nummer 2 in Abb. 1)

Soziale Unterstützung stellt grundsätzlich einen wichtigen protektiven Faktor für die psychische und physische Gesundheit dar. Auch die Eingebundenheit in eine r/s Gemeinschaft, in r/s Gruppen und Netzwerke kann dementsprechend salutogene Effekte haben, weil dort in Notlagen und im Krankheitsfall sowohl psychologische als auch materielle Unterstützung erfahren werden kann. Aus den USA liegen Befunde vor, dass r/s Menschen insbesondere mit zunehmendem Alter größere und stabilere soziale Netzwerke haben und mehr soziale Unterstützung erhalten.[26] Längsschnittliche Studien zeigen, dass regelmäßige Kirchgänger*innen ein geringeres Risiko aufweisen, sozial isoliert zu sein[27] und körperliche Langzeitfolgen durch Stress zu entwickeln[28] – auch über die Effekte allgemeiner sozialer Unterstützung hinaus. Metaanalytische Befunde auch aus dem deutschsprachigen Raum bestätigen einen schwachen, aber stabil positiven statistischen Zusammenhang zwischen gemeinschaftlicher r/s Praxis und besserer psychischer Gesundheit (mittleres $r = .09$ für Gottesdienstbesuch und .08 für andere Formen öffentlicher r/s Praxis).[29] Dass r/s Netzwerke ggf. auch zu größerer psychischer Belastung beitragen können, zeigt sich beispielsweise, wenn Gruppenmitglieder einem hohem Gruppendruck und starker sozialer Kontrolle unterworfen werden[30] oder infolge von Zweifeln oder Austritten aus der Glaubensgemeinschaft gezielt mit Liebensentzug sanktioniert werden.[31]

---

sionales Messmodell der Religiosität, Opladen 2003; ders./Odilo Huber, The Centrality of Religiosity Scale (CRS), in: Religions, 3 (2012), 710–724.

25 Vgl. Klein/Albani, Die Bedeutung von Religion für die psychische Befindlichkeit; dies., Religiosität und psychische Gesundheit; Zwingmann et al., Measuring religiosity/spirituality, 345–357.

26 Vgl. Koenig et al., Handbook of religion and health (2nd ed.); Doug Oman/Dwayne Reed, Religion and mortality among the community-dwelling elderly, in: American Journal of Public Health, 88 (1998), 1469–1475.

27 Vgl. William J. Strawbridge/Sarah J. Shema/Richard D. Cohen/George A. Kaplan, Religious attendance increases survival by improving and maintaining good health practices, mental health, and stable marriages, in: Annals of Behavioral Medicine, 23 (2001), 68–74.

28 Vgl. Joana Maselko/Laura D. Kubzansky/Ichiro Kawachi/Teresa Seeman/Lisa Berkman, Religious service attendance and allostatic load among high-functioning elderly, in: Psychosomatic Medicine, 69 (2007), 464–472.

29 Vgl. Hodapp, Religiosität/Spiritualität und psychische Gesundheit; ders./Christian Zwingmann, Religiosity/Spirituality and mental health.

30 So beobachtete Arjan Braam in den Niederlanden, dass die Anfälligkeit für Depressionen in der älteren Bevölkerung in Gemeinden, die konfessionell durch einen orthodoxen Calvinismus geprägt waren, signifikant höher war als in Gemeinden mit anderer konfessioneller Dominanz; vgl. Arjan W. Braam, Religion und Depression, in: Constantin Klein/Hendrik Berth/Friedrich Balck (Hg.), Gesundheit – Religion – Spiritualität. Konzepte, Befunde und Erklärungsansätze, Weinheim 2011, 273–290.

31 Im Rahmen einer Langzeitstudie an Dekonvertiten aus konservativen und fundamentalistischen Gruppierungen konnte ein Forschungsteam um Heinz Streib und Ralph Hood eine entsprechende Beeinträchtigung des Wohlbefindens sowohl nach dem Austritt als auch

8.3.3 Gottesbeziehung als Quelle von positiven Emotionen und Selbstwert (Pfeil Nummer 3 in Abb. 1)

Aus Sicht einer r/s Person, die an Gott glaubt, kann »Gott als ein weiteres Mitglied des sozialen Netzwerks angesehen werden, das, wie andere Mitglieder des Netzwerks, von Zeit zu Zeit Hilfe bieten kann.«[32] Die kognitive Repräsentation Gottes, d. h. die Vorstellung, die sich jemand von Gott macht, kann demnach als eine vorgestellte soziale Ressource innerhalb des adaptierten Vulnerabilitäts-Stress-Modells ergänzt werden (um den »geglaubten« Charakter Gottes als sozialer Ressource zu verdeutlichen ist die Gottesvorstellung in Abb. 1 gepunktet umrandet). Die Beziehung, die Gläubige mit Gott (und/oder mit anderen r/s Figuren, z. B. anderen Gottheiten, Heiligen, Engeln oder Ahnen) erleben, kann eine wichtige Ressource für Wohlbefinden und psychische Gesundheit darstellen. Eine stabile, positive Beziehung zu Gott oder anderen transzendenten Figuren kann positive r/s Gefühle von unbedingtem Vertrauen und Angenommensein hervorrufen und dadurch zu einem gesundheitsförderlichen Selbstwertgefühl beitragen.[33]

Wird Gott allerdings vorwiegend als streng, rachsüchtig und strafend erlebt, können dadurch Ängste ausgelöst werden, in Versuchung zu geraten, sich zu versündigen und gestraft zu werden. Eine ängstigende Gottesvorstellung kann dadurch das Selbstwertgefühl beeinträchtigen, zu erhöhter Skrupulosität und chronischem Stresserleben führen und in der Folge mit einer schlechteren psychischen Gesundheit einhergehen.[34] Studien, in denen verschiedene Gottesvorstellungen differenziert berücksichtigt wurden, bestätigen sowohl die salutogenen als auch die belastenden

---

teils noch Jahre später dokumentieren; vgl. Heinz Streib/Ralph W. Hood/Barbara Keller/Rosina-Martha Csöff/Christopher F. Silver, Deconversion. Qualitative and quantitative results from cross-cultural research in Germany and the United States of America, Göttingen 2009; Heinz Streib/Barbara Keller/Ramona Bullik/Anika Steppacher/Christopher F. Silver/Matthew C. Durham/Barker, S. B./Ralph, W. Hood, Deconversion revisited. Biographical studies and psychometric analyses ten years later, Göttingen 2022.

32 Kenneth I. Pargament/David S. Ensing/Kathryn Falgout/Hannah Olsen/Barbara Reilly/Kimberly Van Haitsma/Richard Warren, God help me (I): Religious coping efforts as predictors of the outcomes to significant negative life events, in: American Journal of Community Psychology, 18 (1990), 793–824, 815; Übersetzung C. K.).

33 Vgl. Matt Bradshaw/Christopher G. Ellison/Kevin J. Flannelly, Prayer, God imagery, and symptoms of psychopathology, in: Journal for the Scientific Study of Religion, 47 (2008), 644–659; Grom, Religionspsychologie.

34 Vgl. Julie J. Exline/Crystal L. Park/Joshua M. Smyth/Michael P. Carey, Anger toward God: Social-cognitive predictors, prevalence, and links with adjustment to bereavement and cancer, in: Journal of Personality and Social Psychology, 100 (2011), 129–148.; Julie J. Exline/Ann Marie Yali/William C. Sanderson, Guilt, discord, and alienation: The role of religious strain in depression and suicidality, in: Journal of Clinical Psychology, 56 (2000), 1481–1496; Sebastian Murken/Katja Möschl/Claudia Müller/Claudia Appel, Entwicklung und Validierung der Skalen zur Gottesbeziehung und zum religiösen Coping, in: Arndt Büssing/Niko Kohls (Hg.), Spiritualität transdisziplinär. Wissenschaftliche Grundlagen im Zusammenhang mit Gesundheit und Krankheit, Heidelberg 2011, 75–91.

Potenziale der entsprechenden Gottesbilder.³⁵ Einer Meta-Analyse zu internationalen Befunden zufolge lässt sich ein mittlerer Zusammenhang von $r = .19$ zwischen einer liebevollen, annehmenden Gottesvorstellung und allgemeiner psychischer Anpassung sowie von $r = .30$ zu besserem Wohlbefinden feststellen,³⁶ während die Ergebnisse einer Meta-Analyse zu deutschsprachigen Befunden einen mittleren Zusammenhang von $r = .06$ zwischen einem positiven Gottesbild und besserer psychischer Gesundheit, aber auch eine mittlere Korrelation von $r = -.16$ zwischen einer strengen und strafenden Vorstellung von Gott und psychischer Gesundheit zeigen und damit die Belastungspotenziale einer negativen Gottesbeziehung illustrieren.³⁷

8.3.4 Sinnfindung, Lebens- und Kohärenzsinn (Pfeil Nummer 4 in Abb. 1)

Kohärenzsinn, d. h. das Empfinden, dass das eigene Leben verstehbar, handhabbar und sinnhaft ist, stellt nach Aaron Antonovsky die wichtigste Ressource der Salutogenese dar.³⁸ R/s Weltsichten können zum Kohärenzsinn beitragen, weil sie umfangreiche Deutungschiffren bieten, die zu einer sinnhaften Interpretation von Belastungen herangezogen werden können.³⁹ So lassen sich beispielsweise Erfahrungen von Leid oder Verlust als notwendige Bestandteile eines ewigen Kreislaufs von Werden und Vergehen oder eines göttlichen Plans fürs Weltganze interpretieren. Innerhalb der Religionspsychologie hat insbesondere Crystal Park die Rolle von R/S als »Bedeutungssystem« für die Interpretation von Schicksalsschlägen und anderen Herausforderungen, welches den Ausgangspunkt für sinnbasierte Bewältigungsversuche bilden kann, unterstrichen.⁴⁰ R/s Erzählungen und Gebete bieten eine Vielzahl kognitiver Schemata und ritualisierter Selbstinstruktionen, die bei entsprechenden Erfahrungen von Leid und Verlust adaptiert werden können, um Trost und Hoffnung empfinden, aber auch Klage artikulieren zu können.⁴¹ Dadurch kann R/S mutmaßlich einem

---

35 Vgl. Bradshaw/Ellison/Flannelly, Prayer, God imagery, and symptoms of psychopathology, 644–659; Kenneth S. Kendler/Michelle Liu/Charles O. Gardner/Michael E. McCullough/David B. Larson/Carol Prescott, Dimensions of religiosity and their relationship to lifetime psychiatric and substance use disorders, in: American Journal of Psychiatry, 160 (2003), 496–503.
36 Vgl. Henk P. Stulp/Jurrijn Koelen/Annemiek Schep-Akkerman/Gerrit G. Glas/Liesbeth Eurelings-Bontekoe, God representations and aspects of psychological functioning: A meta-analysis, in: Cogent Psychology, 6 (2019–1), 1647926.
37 Vgl. Hodapp, Religiosität/Spiritualität und psychische Gesundheit; ders./Zwingmann, Religiosity/Spirituality and mental health.
38 Vgl. Antonovsky, Unraveling the mystery of health.
39 Vgl. Florian Jeserich, The coherence hypothesis: Critical reconsideration, reception history and development of a theoretical model, in: Archive for the Psychology of Religion, 36 (2014), 1–51.
40 Vgl. Park, Religion as a meaning-making framework, 707–729; dies., Religiousness/spirituality and health, 319–328.
41 Vgl. Daniel N. McIntosh, Religion-as-schema, with implications for the relation between religion and coping, in: The International Journal for the Psychology of Religion, 5 (1995),

Sinnverlust entgegenwirken und vor der Entwicklung von Depressionen schützen.[42] Wenn sie angstbesetzte Motive enthalten, können r/s Interpretationen allerdings auch eine zusätzliche Belastungsquelle darstellen.[43] Zu rigide, keine andere Deutung zulassende Interpretationen können zudem womöglich alternative Bewältigungsmöglichkeiten erschweren und soziale Konflikte erzeugen.

Eine Meta-Analyse vorliegender internationaler und deutschsprachiger Studien zum Zusammenhang zwischen R/S und Kohärenzsinn zeigt, dass zwischen beiden ein moderater statistischer Zusammenhang ($r = .13$) besteht, der im Detail für die Sinnhaftigkeitskomponente ($r = .18$) etwas stärker ausfällt als für die Verstehbarkeits- ($r = .08$) und die Handhabbarkeitskomponente ($r = .12$).[44] Erneut fällt die Korrelation für Studien aus dem deutschsprachigen Raum im Mittel geringfügig niedriger aus ($r = .11$). Dass R/S zwar weniger häufig als Quellen der Sinnerfüllung genutzt werden als andere Sinnquellen, aber zu denjenigen Sinnquellen gehören, die für die betreffenden Personen die stärksten Beiträge zu Sinnerfüllung leisten, zeigen Resultate der Sinnforschung von Tatjana Schnell.[45]

8.3.5 Werthaltungen und Tugenden (Pfeil Nummer 5 in Abb. 1)

Die Lehren nahezu aller r/s Traditionen betonen Werte und Tugenden wie Bescheidenheit, Demut, Dankbarkeit, Verzeihen, Altruismus und/oder Wohltätigkeit.[46] Die Orientierung an entsprechenden Werthaltungen kann zu einer Verringerung von zwischenmenschlichen Konflikten und daraus resultierendem sozialen Stress[47] und in der Folge auch zu einem niedrigeren Risiko für die Ausbildung psychopathologi-

---

1-16.; ders./Roxane Cohen Silver/Camille B. Wortman, Religion's role in adjustment to a negative life event: Coping with the loss of a child, in: Journal of Personality and Social Psychology, 65 (1993), 812–821; Hansjörg Znoj/Christoph Morgenthaler/Christian Zwingmann, Mehr als nur Bewältigen? Religiosität, Stressreaktionen und Coping bei elterlicher Depressivität nach dem Verlust eines Kindes, in: Christian Zwingmann/Helfried Moosbrugger (Hg.), Religiosität: Messverfahren und Studien zu Gesundheit und Lebensbewältigung. Neue Beiträge zur Religionspsychologie, Münster 2004, 277–297.

42 Vgl. Timothy B. Smith/Michael E. McCullough/Justin Poll, Religiousness and depression: Evidence for a main effect and the moderating influence of stressful life events, in: Psychological Bulletin, 129 (2003), 614–636.

43 Vgl. Exline/Park/Smyth/Carey, Anger toward God, 129–148.

44 Vgl. Florian Jeserich/Constantin Klein/Benno Brinkhaus/Michael Teut, Sense of coherence and religion/spirituality: A systematic review and meta-analysis based on a methodical classification of instruments measuring religion/spirituality, in: PLoS ONE 18 (2023-8): e0289203.

45 Vgl. Tatjana Schnell, Religiosität und Spiritualität als Quellen der Sinnerfüllung, in: Constantin Klein/Hendrik Berth/Friedrich Balck (Hg.), Gesundheit – Religion – Spiritualität. Konzepte, Befunde und Erklärungsansätze, Weinheim 2011, 259–271; dies., Psychologie des Lebenssinns, Berlin ³2025.

46 Vgl. Dörr, Religiosität und psychische Gesundheit.

47 Vgl. Robert D. Carlisle/Jo-Ann Tsang, The virtues: Gratitude and forgiveness, in: Kenneth I. Pargament/Julie J. Exline/James W. Jones (Eds.), APA handbook of psychology, religion

scher Symptome beitragen.⁴⁸ Koenig und Kolleg*innen haben deshalb sowohl explizit r/s konnotierten Tugenden (Glaube, Liebe und Hoffnung in christlicher Tradition oder die »vier edlen Einsichten« in buddhistischer Tradition), aber auch allgemeinen Tugenden wie Ehrlichkeit, Dankbarkeit und Verzeihensbereitschaft einen prominenten Platz als Mediatoren zwischen R/S und psychischer Gesundheit innerhalb ihres Modells zu gesundheitlichen Effekten von R/S zugewiesen.⁴⁹ Darauf, dass eine übersteigerte Orientierung an entsprechenden Wertestandards (»Helferpersönlichkeit«) ggf. auch mit gesundheitlichen Risiken einhergehen kann, könnten Befunde hinweisen, die ein erhöhtes Risiko für Burn-outs und Depressionen beispielsweise unter Seelsorgenden belegen.⁵⁰

8.3.6 R/s motiviertes Gesundheitsverhalten (Pfeil Nummer 6 in Abb. 1)

R/s Traditionen enthalten vielfach Verhaltensvorgaben (z. B. für Hygiene, Abstinenz, Ernährung und/oder Sexualverhalten), deren Intention zwar nicht unbedingt unmittelbar die Verbesserung der Gesundheit ist, die aber, weil sie den Lebensstil der Gläubigen mitbestimmen, dadurch oft dennoch messbare gesundheitliche Effekte haben.⁵¹ In diesem Sinne lassen sich z. B. wiederkehrende Befunde, die für einen niedrigeren Konsum von Alkohol, Tabak und illegalen Drogen durch r/s Menschen sprechen,⁵²

---

and spirituality: Vol 1, Washington 2013, 423–437; Don E. Davis/Everett L. Worthington/Joshua N. Hook/Peter C. Hill, Research on forgiveness and religion/spirituality: A meta-analytic review, in: Psychology of Religion and Spirituality, 5 (2013), 233–241.
48 Vgl. Kendler et al., Dimensions of religiosity.
49 Vgl. Koenig et al., Handbook of religion and health (2nd ed); ders. et al., Handbook of religion and health (3rd ed.).
50 Vgl. Arndt Büssing/Andreas Günther/Klaus Baumann/Eckhard Frick/Christoph Jacobs, Spiritual dryness as a measure of a specific spiritual crisis in catholic priests: Associations with symptoms of burnout and distress, in: Evidence-Based Complementary and Alternative Medicine 2013 (2013), 246797; Welko Tomic/Will Evers, Burnout among Dutch reformed pastors, in: Journal of Psychology and Theology, 31 (2003), 329–338; Todd W. Hall, The personal functioning of pastors: A review of empirical research with implications for the care of pastors, in: Journal of Psychology and Theology, 25 (1997), 240–253.
51 Vgl. I. Reed Payne/Allen E. Bergin/Kimberly A. Bielema/Paul H. Jenkins, Review of religion and mental health: Prevention and the enhancement of psychosocial functioning, in: Prevention in Human Services, 9 (1991), 11–40.
52 Vgl. Cynthia Geppert/Michael P. Bogenschutz/William R. Miller, Development of a bibliography on religion, spirituality and addictions, in: Drug and Alcohol Review, 26 (2007), 389–395; Chau-kiu Cheung/Jerf Wai-keung Yeung, Meta-analysis of relationships between religiosity and constructive and destructive behaviors among adolescents, in: Children and Youth Services Review, 33 (2011), 376–385; P. Elizabeth Kelly/Joshua R. Polanin/Sung Joon Jang/Byron R. Johnson, Religion, delinquency, and drug use: A meta-analysis. Criminal Justice Review, 40 (2015-4), 505–523; Julie E. Yonker/Chelsea A. Schnabelrauch/Laura G. DeHaan (2012), The relationship between spirituality and religiosity on psychological outcomes in adolescents and emerging adults: A meta-analytic review, in: Journal of Adolescence, 35, 299–314.

ebenso wie die immer wieder beobachteten niedrigeren Suizidraten unter r/s Personen[53] als Folge der Orientierung an r/s Ge- und Verboten interpretieren. Auch die für den deutschsprachigen Kontext ermittelte mittlere Korrelation zwischen r/s Verhaltenskonsequenzen im Alltag und besserer psychischer Gesundheit von $r = .18$ lässt sich in diese Richtung lesen.[54]

Insbesondere in r/s Kontexten, die eine sehr gewissenhafte Befolgung r/s Verhaltensvorgaben forcieren, kann die Orientierung daran allerdings möglicher Weise auch mit der Gefahr verbunden sein, neurotische Gedankeninhalte und Verhaltensweisen zu entwickeln. So existiert eine Reihe von Befunden, die für hoch r/s und sehr regelmäßig ihren Glauben praktizierenden Menschen ein leicht erhöhtes Risiko für das Auftreten von Zwangserkrankungen nahelegen.[55] Insofern könnte eine r/s »Übergewissenhaftigkeit« unter Umständen auch zur Entwicklung psychopathologischer Symptome beitragen.

8.3.7 R/s Bewältigungsstrategien (Coping) (Pfeil Nummer 7 in Abb. 1)

Während die Orientierung an r/s Verhaltensvorgaben in gesundheitlicher Hinsicht meist eher einen präventiven Charakter hat, können r/s Bewältigungsstrategien eine entscheidende interventive Rolle beim Umgang mit bereits bestehender Belastung durch Stress, Krankheiten oder andere Herausforderungen spielen. Insofern hat Susan Folkman schon vor vielen Jahren vorgeschlagen, das prominenteste psychologische Coping-Modell, das transaktionale Stressmodell,[56] um sinnbasierte Copingformen zu erweitern, zu denen sie auch ganz explizit r/s Überzeugungen (»spiritual beliefs«) zählt.[57] Unter den theoretischen Erklärungsansätzen für gesundheitliche Effekte von R/S kann die Theorie des r/s Coping als die am besten erforsch-

---

53 Vgl. Jalal Poorolajal/Mahmoud Goudarzi/Fatemeh Gohari-Ensaf/Nahid Darvishi, Relationship of religion with suicidal ideation, suicide plan, suicide attempt, and suicide death: A meta-analysis, in: Journal of Research in Health Sciences, 22 (2022), article e00537; Andrew Wu/Jin-Yu Wang/Cun-Xian Ji, Religion and completed suicide. A meta-analysis, in: PLoS One, 10 (2015), article e0131715.
54 Vgl. Hodapp, Religiosität/Spiritualität und psychische Gesundheit; ders./Zwingmann, Religiosity/Spirituality and mental health.
55 Vgl. Jonathan S. Abramowitz/Jonathan D. Huppert/Adam B. Cohen/David F. Tolin/Shawn P. Cahill, Religious obsessions and compulsions in a non-clinical sample: The Penn Inventory of Scrupulosity (PIOS), in: Behaviour Research and Therapy, 40 (2002), 825–838; John Maltby, Frequent and regular church attendance as a religious ritual: Further investigation of the relationship between public aspects of religiosity and obsessional symptoms, in: Personality and Individual Differences, 27 (1999), 119–123; Tali Vishne/Sagit Misgav/Michael E. Bunzel, Psychiatric disorders related to menstrual bleeding among an ultra-orthodox population: Case series and literature review, in: International Journal of Social Psychiatry, 54 (2008), 219–224.
56 Vgl. Richard S. Lazarus/Susan Folkman, Stress, appraisal, and coping. New York 1984.
57 Vgl. Susan Folkman, Positive psychological states and coping with severe stress, in: Social Science and Medicine, 45 (1997), 1207–1221.

teste gelten.[58] Kenneth Pargament und seine Kolleg*innen haben eine Reihe von r/s Copingvarianten identifiziert,[59] die sich als positives (z. B. die Suche nach Gottes Liebe und Fürsorge oder die Interpretation einer Belastung als von Gott gestellter Herausforderung) bzw. negatives (z. B. sich von Gott verlassen oder gestraft fühlen) r/s Coping zusammenfassen lassen.[60] Positives wie negatives r/s Coping können durchaus simultan auftreten, wobei die positiven r/s Copingformen verbreiteter zu sein scheinen.

Während positives r/s Coping meta-analytischen Befunden zufolge im Mittel mit besserer Gesundheit korreliert (Fishers $z = .33$), steht negatives r/s Coping in Zusammenhang mit schlechterer Befindlichkeit (Fishers $z = .22$).[61] Ähnliche Befunde konnten auch im Rahmen einer Meta-Analyse anhand von Studien aus dem deutschsprachigen Raum für die Zusammenhänge von positivem und negativem r/s Coping mit psychischer Gesundheit ermittelt werden ($r = .10$ bzw. $r = -.21$), wobei erneut der salutogene Effekt geringer ausfällt als in der internationalen Forschung.[62] Gegenüber nichtreligiösen Copingformen scheint r/s Coping insbesondere in solchen Situationen verwendet zu werden, die durch hohe Belastung und geringe Kontrollierbarkeit gekennzeichnet sind und dadurch die eigenen Kräfte und Fähigkeiten zur Problemlösung übersteigen. Wiewohl r/s und nichtreligiöse Copingformen moderat miteinander korrelieren, sind sie nicht funktional redundant; vielmehr kann r/s Coping anteilig die in Studien beobachtete Varianz von Gesundheitsmaßen neben und über nichtreligiöses Coping hinaus erklären.[63]

8.4 Die r/s Dimension des Befindens

Zu einer umfassenden Betrachtung der Zusammenhänge zwischen R/S und Gesundheit gehört auch die Feststellung, dass innerhalb verschiedener Gesundheitsdiszipli-

---

58 Vgl. Gene G. Ano/Erin B. Vasconcelles, Religious coping and psychological adjustment to stress: A meta-analysis, in: Journal of Clinical Psychology, 61 (2005), 461–480; Pargament, The psychology of religion and coping; ders., Spiritually integrated psychotherapy; ders. et al., The religious dimension of coping.
59 Vgl. Kenneth I. Pargament/Harold G. Koenig/Lisa M. Perez, The many methods of religious coping: Development and initial validation of the RCOPE, in: Journal of Clinical Psychology, 56 (2000), 519–543.
60 Vgl. Kenneth I. Pargament/Bruce W. Smith/Harold G. Koenig/Lisa M. Perez, Patterns of positive and negative religious coping with major life stressors, in: Journal for the Scientific Study of Religion, 37 (1998), 710–724.
61 Vgl. Ano/Vasconcelles, Religious coping and psychological adjustment to stress, 461–480; vgl. auch Nina Reynolds/Sylvie Mrug/Kelly Wolfe/David Schwebel/Jan Wallander, Spiritual coping, psychological adjustment, and physical health in youth with chronic illness: A meta-analytic review, in: Health Psychology Review, 10 (2016), 226–243.
62 Vgl. Hodapp, Religiosität/Spiritualität und psychische Gesundheit; ders./Zwingmann, Religiosity/Spirituality and mental health.
63 Vgl. Pargament, The psychology of religion and coping; ders., Spiritually integrated psychotherapy; ders. et al., The religious dimension of coping.

nen eine eigene r/s Dimension von Gesundheit und Wohlbefinden identifiziert worden ist. So ist – zunächst innerhalb der Gerontologie,[64] dann verstärkt auch im Bereich der (Psycho-)Onkologie[65] – spirituelles Wohlbefinden (»spiritual well-being«) als wesentlicher Bestandteil der Befindlichkeit von älteren und krebskranken Menschen beschrieben worden. Einer klassischen Definition der National Interfaith Conference on Aging (NICA) zufolge lässt sich spirituelles Wohlbefinden verstehen als eine »ganzheitliche Bejahung des eigenen Lebens, sowohl in der Beziehung zu Gott als auch zum eigenen Selbst, zur Gemeinschaft und zur Umwelt.«[66]

Diese Definition hat u. a. Aufnahme in der Palliativmedizin gefunden. So wurden zentrale Elemente daraus in die Konsensdefinitionen von Spiritualität der amerikanischen und europäischen Fachverbände für Palliative Care übernommen.[67] Dass R/S auch innerhalb der Palliativmedizin prominente Bedeutung erlangt hat, verdankt sich den ganzheitlichen Verständnissen von Schmerz und von Fürsorge, die Cicely Saunders als bedeutende Pionierin der Palliativversorgung erarbeitet hat. Da Saunders zufolge Sterbende nicht nur körperlichen, psychischen und sozialen, sondern auch spirituellen Schmerz (»spiritual pain«) in Form von existenziellen Ängsten und Verzweiflung erleiden,[68] benötigen sie neben medizinischer, pflegerischer, psychotherapeutischer und sozialdienstlicher Fürsorge auch eine r/s Betreuung (»spiritual care«).[69]

Es dürfte kaum Zufall sein, dass die r/s Dimension des Befindens Aufmerksamkeit v. a. in Fachbereichen wie Palliativversorgung, Gerontologie und Onkologie erhält, die in besonderer Weise mit der Begrenztheit menschlichen Lebens befasst sind. Mindestens hier, vermutlich aber auch durchaus über diese Fachbereiche hin-

---

64 Vgl. David O. Moberg, Spiritual well-being: Background and issues. Washington DC 1971.
65 Vgl. Marianne J. Brady/Amy H. Peterman/George Fitchett/May Mo/David Cella, A case for including spirituality in quality of life measurement in oncology, in: Psycho-Oncology, 8 (1999), 417–428, Bella Vivat/Teresa E. Young/Julie Winstanley/Juan I. Arraras/Kath Black/Frances Boyle/Anne Bredart/Anna Costantini/Jintao Guo/Maria Elisa Irarrazaval/Kunihiko Kobayashi/Renske Kruizinga/Mariana Navarro/Sepideh Omidvari/Gudrun E. Rohde/Samantha Serpentini/Nigel Spry/Hanneke W. M. van Laarhoven/Grace M. Yang/The EORTC Quality of Life Group, The international phase 4 validation study of the EORTC QLQ-SWB32: A stand-alone measure of spiritual well-being for people receiving palliative care for cancer, in: European Journal of Cancer Care, 26 (2017–6), 1–19, sowie auch die Darstellung von Vision und Mission der International Psycho-Oncological Society (IPOS) unter https://www.ipos-society.org/about/mission.
66 National Interfaith Coalition on Aging (NICA) (1975): Spiritual well-being: A definition. Athens, GA: NICA, 1 (Übersetzung C. K.).
67 Vgl. Christina Puchalski et al., Improving the quality of spiritual care as a dimension of palliative care. The report of the consensus conference, in: Journal of Palliative Medicine 12 (2009), 885–904 (amerikanische Konsensdefinition) bzw. Steve Nolan/Philip Saltmarsh/Carlo Leget, Spiritual care in palliative care. Working towards an EAPC Task Force, in: European Journal of Palliative Care, 18 (2011), 86–89 (europäische Konsensdefinition).
68 Vgl. Cicely Saunders, Spiritual pain, in: David Clark (Ed.), Cicely Saunders. Selected writings 1958–2004, Oxford 2006, 317–321.
69 Vgl. Martina Holder-Franz, »... dass du bis zuletzt leben kannst.« Spiritualität und Spiritual Care bei Cicely Saunders, Zürich 2012.

aus, ist die Berücksichtigung einer spezifischen r/s Dimension des Befindens demnach sinnvoll. Die Konzepte des *spiritual well-being* und des *spiritual pain* lassen sich dabei als Beschreibungsversuche für die Pole dieser Dimension innerhalb des Health-Ease-Disease-Kontinuums verstehen. In diesem Sinne ist eine eigenständige r/s Dimension des Befindens in die Darstellung des adaptierten Vulnerabilitäts-Stress-Modells in Abb. 1 integriert.

Ihr korrespondiert im Modell auf der Ebene des Gesundheits- und Bewältigungsverhaltens ferner noch das Konzept r/s Bedürfnisse im Krankheitsfall (»spiritual needs«), das insbesondere durch Arndt Büssing ausgearbeitet wurde.[70] Sofern r/s Bedürfnisse zufrieden gestellt werden können, kann mutmaßlich von einem gewissen Grad an r/s Wohlbefinden ausgegangen werden. Bleiben r/s Bedürfnisse hingegen unbefriedigt, steigt vermutlich das Risiko für r/s Schmerz, womöglich auch über die ohnehin bereits bestehende Krankheitslast hinaus. Diese Überlegungen stellen gleichwohl eine erste Annäherung dazu dar, vorliegende Konzepte integrativ innerhalb einer r/s Befindensdimension zu berücksichtigen. Eine eingehendere konzeptionelle Erarbeitung der r/s Befindensdimension steht einstweilen allerdings noch aus.

8.5 Ausblick

Zusammenfassend lässt sich festhalten, dass sich über viele einzelne Befunde hinweg ein niedriger, aber stabiler Zusammenhang von R/S mit Gesundheit und Wohlbefinden beobachten lässt. Dieser tritt deutlicher zutage, wenn über die Religionszugehörigkeit und über die Zustimmung zu Glaubensinhalten hinaus eine persönlich bedeutsame R/S, die zentral in der Persönlichkeit verankert ist, in den Blick genommen wird, und wenn konkrete gesundheitliche r/s Ressourcen und v. a. r/s Bewältigungsstrategien in die Betrachtung mit einbezogen werden: So werden die ermittelten statistischen Zusammenhänge tendenziell deutlicher, je weiter rechts spezifische r/s Wirkfaktoren innerhalb des adaptierten Vulnerabilitäts-Stress-Modells platziert sind – also je gesundheitsrelevanter sie bereits auf der Theorieebene sind. Dies lässt sich als Beleg für die Plausibilität des Modells werten.

Gegenüber den internationalen Befunden fallen die Zusammenhänge, die auf Grundlage von Studien aus dem deutschsprachigen Raum ermittelt wurden, häufig etwas geringer aus. Diese Beobachtung fügt sich in ein Muster ein, das sich wiederholt im Rahmen kulturvergleichender Studien gezeigt hat: Während Zusammenhänge von R/S mit Wohlbefinden oder Lebenszufriedenheit innerhalb von stark r/s geprägten Kulturen, innerhalb derer R/S sozial erwünscht ist, deutlicher ausgeprägt sind, sind sie in stärker säkularen Kontexten oft niedriger und verschwinden

---

70 Vgl. Arndt Büssing (Hg.), Spiritual needs in research and practice. The Spiritual Needs Questionnaire as a global resource for health and social care, Cham 2021.

teils ganz.⁷¹ Insofern spiegeln die deutschsprachigen Befunde vermutlich anteilig den hiesig eher geringen gesellschaftlichen Stellenwert von R/S wider.

Kritiker*innen beanstanden häufig, dass die überwiegende Mehrheit der bisher vorliegenden Befunde, einschließlich der darauf aufgebauten meta-analytischen Berechnungen, nur niedrige Zusammenhänge zwischen R/S und Gesundheit zeigen würden und dass sie auf querschnittlich, also zum selben Messzeitpunkt erhobenen Daten beruhen, was keinerlei ursächliche Schlussfolgerungen zulasse.⁷² Vom methodischen Standpunkt aus sind diese Einwände durchaus berechtigt. Allerdings ist dabei zu bedenken, dass es sich bei R/S ja nicht um eine gesundheitliche Maßnahme wie ein Medikament oder eine Therapiemethode handelt. Eher stellt sie ein bevölkerungsmedizinisches Merkmal – ähnlich soziodemografischen Merkmalen wie Alter, Geschlecht/Gender, Bildung oder Wohnort – dar; und ähnlich wie diese kann sie nicht Effekte derselben Größenordnung wie therapeutische Maßnahmen hervorbringen. Ebenso lässt sie sich nicht ohne Weiteres experimentell variieren, so wie dies im Rahmen medizinischer und psychologischer Studien üblich ist, um die Wirksamkeit einer Maßnahme zu ermitteln – R/S lässt sich nicht randomisiert in einer Patient*innenstichprobe verteilen. Aber ebenso, wie es durchaus gesundheitliche Effekte hat, ob man älter oder jünger ist, über höhere oder niedrigere Bildung verfügt, in der Stadt oder auf dem Land lebt, kann es auch einen gewissen Unterschied ausmachen, ob man r/s ist und in wie weit die eigene R/S Ressourcen für den Umgang mit gesundheitlichen Belastungen bietet.

Dennoch sind umfangreichere längsschnittliche Beobachtungsstudien sinnvoll, um weiterführende Einblicke ins Beziehungsgefüge zwischen R/S und Gesundheit gewinnen zu können. Eine erste Meta-Analyse auf Grundlage längsschnittlicher Befunde vermittelt durchaus den Eindruck, dass sich die postulierten (niedrigen, aber stabilen) salutogenen Effekte von R/S im Längsschnitt substantiieren lassen ($r = .08$).⁷³ Weitere Forschungsbemühungen in diese Richtung wären wünschenswert.

---

71 Vgl. Jochen E. Gebauer/Constantine Sedikides/Felix D. Schönbrodt/Wiebke Bleidorn/Peter J. Rentfrow/Jeff Potter/Samuel D. Gosling, The religiosity as social value hypothesis: A multi-method replication and extension across 65 countries and three levels of spatial aggregation, in: Journal of Personality and Social Psychology, 113 (2017), e18–e39; Olga Stavrova/Detlef Fetchenhauer/Thomas Schlösser, Why are religious people happy? The effect of the social norm of religiosity across countries, in: Social Science Research, 42 (2013), 90–105.

72 Vgl. Gabriele Prati, Religion and well-being: What is the magnitude and the practical significance of the relationship?, in: Psychology of Religion and Spirituality, 16 (2024), 367–377.

73 Vgl. Bert Garssen/Anja Visser/Grieteke Pool, Does spirituality or religion positively affect mental health? Meta-analysis of longitudinal studies, in: The International Journal for the Psychology of Religion, 31 (2021), 4–20.

9. Gesundheit aus persönlichkeitspsychologischer Sicht: Implikationen für die Gesundheitsseelsorge

Mathias Allemand & Isabelle Noth

9.1 Einleitung

Ein gesundes Leben zu führen, zählt für viele Menschen zu den wichtigsten Lebenszielen und gewinnt insbesondere in einer alternden Gesellschaft zunehmend an Bedeutung. Daher ist es von grosser Relevanz, sich mit der Frage auseinanderzusetzen, wie sich erklären lässt, dass Menschen gesund bleiben, was sie zur Veränderung ihres Gesundheitsverhaltens motiviert und wie sie mit chronischen Erkrankungen sowie altersbedingten Gesundheitsherausforderungen umgehen. Der vorliegende Beitrag betrachtet das Thema Gesundheit aus einer persönlichkeitspsychologischen Perspektive und beleuchtet die Rolle von Persönlichkeitsunterschieden für die Gesundheit. Er geht davon aus, dass individuelle Persönlichkeitsmerkmale das Wohlbefinden, das Gesundheitsverhalten, die Stressbewältigung sowie die emotionale Resilienz massgeblich prägen. Persönlichkeitsmerkmale können dabei sowohl Schutz- als auch Risikofaktoren für die Gesundheit darstellen. Diese Perspektive ermöglicht ein besseres Verständnis der individuellen Unterschiede im Gesundheitsverhalten und trägt zur Entwicklung und Umsetzung von gezielten Interventionen, Gesundheitsförderung und Beratungsangeboten bei. Dennoch fehlt es in der Berufspraxis von Seelsorgenden häufig an aktuellem Wissen über Persönlichkeitseigenschaften und deren möglichen Einfluss auf die Gesundheit – sowie umgekehrt über den Einfluss der Gesundheit auf die Persönlichkeit.

Dieser Beitrag fasst zentrale Erkenntnisse zusammen und gibt Impulse für die Gesundheitsseelsorge. Ihr Ziel ist es, Menschen in ihrer psychischen und körperlichen Gesundheit zu stärken und zu unterstützen. Durch die Verbindung psychologischer Erkenntnisse mit religiöser und/oder spiritueller Begleitung fördert sie das Wohlbefinden, stärkt die emotionale Resilienz und vermittelt Bewältigungsstrategien für gesundheitliche Herausforderungen.[1]

9.2 Gesundheit als dynamisches Konzept

Für den Begriff Gesundheit existieren zahlreiche Definitionsvorschläge. Gesundheit wird dabei unter anderem als Abwesenheit von Krankheit, als Vorhandensein kör-

---

1 Vgl. Isabelle Noth/Thomas Wild/Sabina Ingold/Michael Roth (Hg.), Gesundheitsseelsorge in der Schweiz: Reformierte Perspektiven, Zürich 2025.

perlicher, psychischer und sozialer Ressourcen zur Bewältigung von Lebensanforderungen sowie als Zustand des subjektiven Wohlbefindens verstanden.[2] In der Fachliteratur wird häufig zwischen *psychischer Gesundheit, körperlicher Gesundheit* und *Gesundheitsverhalten* differenziert.[3] Gesundheitsförderliches Verhalten beinhaltet beispielsweise ausgewogene Ernährung, regelmässige körperliche Aktivität und ausreichenden Schlaf. Gesundheitsschädigendes bzw. gesundheitsriskantes Verhalten beinhaltet Verhaltensweisen wie Rauchen, Bewegungsmangel und ungesunde Ernährung. Zudem erfolgt oft eine Unterscheidung zwischen subjektiver und objektiver Gesundheit. *Subjektive Gesundheit* bezieht sich auf die persönliche Einschätzung und Bewertung der eigenen körperlichen, psychischen und sozialen Verfassung. Sie wird in der Regel durch Selbstberichte erfasst, beispielsweise anhand von Fragen wie: »Wie gesund fühlen Sie sich im Vergleich zu Ihrer Altersgruppe?« Dabei spielen individuelle Wahrnehmungen, Erfahrungen und das emotionale Befinden eine zentrale Rolle. *Objektive Gesundheit* hingegen wird durch standardisierte, medizinisch erfassbare Befunde beschrieben, die zum Teil unabhängig von der subjektiven Wahrnehmung der Person sind. Hierzu zählen unter anderem ärztliche Diagnosen, physiologische Messwerte (z. B. Blutdruck, Cholesterinspiegel) oder bildgebende Verfahren (z. B. Magnetresonanztomografie oder Röntgenuntersuchungen). Beide Sichtweisen ergänzen sich und sind wichtig für Behandlungen als auch für Präventionsmassnahmen: Die subjektive Gesundheit gibt Hinweise auf das psychische Wohlbefinden, während die objektive Gesundheit medizinisch-physiologische Grundlagen liefert. Eine ausführliche Auseinandersetzung mit dem Thema Gesundheit aus psychologischer Perspektive würde den Rahmen dieses Beitrages sprengen, da zahlreiche Fachrichtungen der Psychologie – insbesondere die Gesundheitspsychologie – umfangreiche Beiträge dazu leisten.[4] Stattdessen werden ausgewählte Überlegungen vorgestellt, die Gesundheit als dynamisches Geschehen in den Blick nehmen.

Gesundheit lässt sich aus einer *funktionalen* Perspektive als einen dynamischen Prozess der *Anpassung und Entwicklung* verstehen. Diese Sichtweise unterscheidet sich von traditionellen Konzepten einer statischen, oft defizitorientierten Zustandsdefinition der Gesundheit. In Anlehnung an Huber et al. (2011) beschreibt dieser funktionale Gesundheitsbegriff die Fähigkeit von Individuen, sich an körperliche, emotionale und soziale Herausforderungen anzupassen und diese eigenständig zu bewältigen.[5] Gesundheit wird somit nicht als Zielzustand, sondern als fortlaufender Anpassungs- und Bewältigungsprozess konzipiert und erfasst.[6] Im Mittelpunkt die-

---

2 Vgl. Toni Faltenmaier, Gesundheitspsychologie, Stuttgart ³2023; Shelley E. Taylor/Annette L. Stanton, Health psychology, New York 2021.
3 Vgl. Jason E. Strickhouser/Ethan Zell/Zlatan Krizan, Does personality predict health and well-being? A metasynthesis, in: Health Psychology 36 (2017–8), 797–810.
4 Vgl. Faltenmaier, Gesundheitspsychologie (wie Anm. 2); Taylor/Stanton, Health psychology (wie Anm. 2).
5 Vgl. Machteld Huber/Jan A. Knottnerus/Laurence Green/Henriëtte van der Horst/Alejandro R. Jadad/Daan Kromhout/Brian Leonard/Kate Lorig/Maria I. Loureiro/Jos W. van der Meer/Paul Schnabel/Richard Smith/Chris van Weel/Henk Smid, How should we define health?, in: BMJ 343 (2011), d4163.

ser funktionalen Sichtweise steht die aktive Auseinandersetzung mit gesundheitsrelevanten Anforderungen und Herausforderungen des Lebens sowie die Entwicklung und Anwendung von Strategien zur Förderung und Erhaltung der individuellen Gesundheit.

Eine funktionale Perspektive auf Gesundheit wurde auch von der Weltgesundheitsorganisation (WHO) im Rahmen der Dekade des gesunden Alterns (2021-2030) betont.[7] Im Mittelpunkt dieses Ansatzes steht nicht die Abwesenheit von Krankheit, sondern die Erhaltung und Förderung der Funktionsfähigkeit.[8] Diese wird definiert als die Fähigkeit, jene Dinge zu tun, die für die jeweilige Person bedeutsam sind und damit zur Aufrechterhaltung von Wohlbefinden und Lebensqualität beitragen, auch angesichts altersbedingter oder gesundheitlicher Einschränkungen. Funktionsfähigkeit meint unter anderem die Fähigkeit, lebenslang zu lernen, Entscheidungen zu treffen, sich weiterzuentwickeln und Beziehungen zu gestalten. Dabei geht es darum, zentrale psychologische Grundbedürfnisse – wie Autonomie, Kompetenz und soziale Zugehörigkeit – durch die Entfaltung der Persönlichkeit und entsprechende Verhaltensweisen zu realisieren.[9] Gesund altern bedeutet demnach, auch bei nachlassender körperlicher Leistungsfähigkeit Handlungsspielräume zu erhalten, die ein Gefühl von Selbstwirksamkeit, Sinn und sozialer Eingebundenheit ermöglichen.

Die individuelle Funktionsfähigkeit hängt zum einen von *unterstützenden sozialen Umfeldern* (z. B. sozialen Netzwerken und sozialer Unterstützung) und zum anderen von *günstigen Lebensbedingungen* (z. B. informellen und formellen Begegnungsmöglichkeiten) ab. So kann beispielsweise ein frühzeitiges Engagement in soziale Beziehungen im jungen und mittleren Erwachsenenalter dazu beitragen, im späteren Leben über ein tragfähiges soziales Unterstützungsnetzwerk zu verfügen, das bei Bedarf aktiv genutzt werden kann. Dies kann insbesondere dann bedeutsam sein, wenn Aktivitäten, die als sinnstiftend erlebt werden (z. B. soziale Beziehungen pflegen, Hobbies ausüben), nur mit Hilfe anderer bewältigt werden können. Andererseits wird die Funktionsfähigkeit auch durch *individuelle Merkmale* beeinflusst – dazu zählen Eigenschaften, Fähigkeiten, Kompetenzen, Einstellungen, Werthaltungen, Motivationen und weitere personbezogene Faktoren.[10] Diese Faktoren können als

---

6 Vgl. Machteld Huber et al., Towards a "patient-centred" operationalisation of the new dynamic concept of health. A mixed methods study, in: BMJ Open, 6 (2016-1) e010091.
7 Vgl. https://www.decadeofhealthyageing.org.
8 Vgl. Norah Keating, A research framework for the United Nations Decade of Healthy Ageing (2021-2030), in: European Journal of Ageing 19 (2022-3), 775-787; Jean-Pierre Michel/Matilde Leonardi/Mike Martin/Matthew Prina, WHO's report for the decade of healthy ageing 2021-30 sets the stage for globally comparable data on healthy ageing, in: The Lancet Healthy Longevity 2 (2021-3), e121–e122.
9 Vgl. Stefanie Lindner/Mirjam Ghassemi/Mathias Allemand, Does the expression of personality traits in daily life satisfy psychological needs of older adults?, in: Motivation Science 7 (2021-4), 400-409; Richard M. Ryan/Edward L. Deci, Self-determination theory: Basic psychological needs in motivation, development, and wellness, New York 2017.
10 Vgl. Patrick L. Hill/Mathias Allemand (Hg.), Personality and healthy aging in adulthood: New directions and techniques, Cham 2020.

Ressourcen bzw. Schutzfaktoren wirken, die die Funktionsfähigkeit, Gesundheit und das Wohlbefinden fördern und erhalten. Je nach Ausprägung können sie ebenso Risikofaktoren darstellen. Im folgenden Abschnitt wird die Persönlichkeit als potenzieller Schutz- und Risikofaktor für Gesundheit thematisiert, wobei der Fokus insbesondere auf Persönlichkeitseigenschaften als zentrale Aspekte der Persönlichkeit liegt.

9.3   Persönlichkeit als Schutz- und Risikofaktor

In der Persönlichkeitspsychologie bezieht sich Persönlichkeit auf die Gesamtheit der *nicht-pathologischen Persönlichkeitseigenschaften*. Diese Eigenschaften sind individuelle Besonderheiten in der körperlichen Erscheinung und in Regelmässigkeiten des Denkens, Fühlens und Verhaltens.[11] Dies steht im Gegensatz zu *kurzlebigen persönlichkeitsbezogenen Zuständen* wie momentanen Gedanken, Gefühlen und Verhaltensweisen.[12] Ein Beispiel für einen Zustand wäre, in einer bestimmten Situation ängstlich und besorgt zu reagieren. Erst wenn diese Angstgefühle und Sorgen regelmässig in verschiedenen Situationen auftreten, handelt es sich um eine Persönlichkeitseigenschaft.

In der Persönlichkeitspsychologie hat sich nach jahrzehntelanger Forschung ein Konsens herausgebildet, bei dem bestimmte *Verhaltens- und Erlebensmuster* unter den »Big Five« *Dimensionen* der Persönlichkeit gruppiert werden können.[13] Diese Big Five sind: *Emotionale Stabilität* fördert die emotionale Belastbarkeit im Alltag. *Extraversion* erleichtert das soziale Interagieren und die Kontaktfreudigkeit. *Verträglichkeit* ist entscheidend für zwischenmenschliche Beziehungen und Konfliktvermeidung. *Gewissenhaftigkeit* zeigt sich in Effizienz, Regeltreue und Ordnung. *Offenheit für Neues* fördert vielseitiges Interesse, Kreativität und Innovationsfähigkeit. Die Big Five helfen, die Vielfalt menschlichen Verhaltens und Erlebens besser zu verstehen und einzuordnen. Sie werden als kontinuierliche Dimensionen – und nicht als dichotome Kategorien (oder gar Persönlichkeitstypen) – verstanden, entlang derer sich individuelle Unterschiede ausprägen, was zu einer grossen Vielfalt an Persönlichkeitsprofilen führt. Es ist wichtig zu beachten, dass die Big Five Eigenschaften wertfrei sind, da es nicht besser oder schlechter ist, bestimmte Ausprägungen zu haben. Abgesehen von den Big Five Eigenschaften gibt es weitere Persönlichkeits-

---

11 Vgl. Franz J. Neyer/Jens B. Asendorpf, Psychologie der Persönlichkeit, Heidelberg 2023.
12 Vgl. Anna Baumert/Manfred Schmitt/Marco Perugini/Wendy Johnson/Grit Blum/Peter Borkenau/Giovanni Costantini/Jaap J. A. Denissen/William Fleeson/Benjamin Grafton/Eranda Jayawickreme/Eliza Kurzius/Colin MacLeod/Lawrence C. Miller/Stephen J. Read/Brent W. Roberts/Michael D. Robinson/Dusty Wood/Cornelia Wrzus, Integrating personality structure, personality process, and personality development, in: European Journal of Personality 31 (2017), 503–528.
13 Vgl. Oliver P. John, History, measurement, and conceptual elaboration of the Big Five trait taxonomy: The paradigm matures, in: Oliver P. John/Richard W. Robins (Hg.), Handbook of personality: Theory and research, New York ⁴2021, 35–82.

merkmale wie Motive, Werte, Ziele, Kreativität und Intelligenz, die ebenfalls eine Rolle spielen, hier aber nicht weiter ausgeführt werden.[14]

Zahlreiche Studien haben die Bedeutung der Big Five Persönlichkeitseigenschaften für verschiedene Lebensbereiche untersucht und dabei deren prognostische Aussagekraft analysiert. Ergebnisse zeigen, dass sie zuverlässige Prädiktoren für eine Vielzahl von Bereichen wie Wohlbefinden, Gesundheit, soziale Beziehungen, Bildung und Arbeit sind.[15] Geringe emotionale Stabilität – auch Neurotizismus genannt – ist beispielsweise mit geringerem Wohlbefinden, mit Ängsten, Depressionen, zwischenmenschlichen Konflikten und wirtschaftlichen Kosten assoziiert, die die Kosten von psychischen Erkrankungen zum Teil übersteigen.[16] Zudem erleben extravertierte Menschen oft mehr Wohlbefinden, soziale Akzeptanz und Führungsengagement, während verträgliche Menschen mehr Dankbarkeit zeigen, weniger kriminelles Verhalten aufweisen und verzeihender sind. Gewissenhafte Menschen profitieren von besserer Gesundheit, schulischen Leistungen, beruflichem Erfolg und Beziehungszufriedenheit, obwohl übermäßige Gewissenhaftigkeit zu Perfektionismus führen kann. Offene Personen finden mehr Inspiration, haben künstlerische Interessen und sind weniger konservativ. Diese Beispiele aus der Persönlichkeitsforschung unterstreichen die Relevanz interindividueller Unterschiede in Persönlichkeitseigenschaften – sowohl im Gesundheitskontext als auch in anderen Lebensbereichen.

Persönlichkeitseigenschaften werden als *relativ stabile* interindividuelle Unterschiede in Erlebens- und Verhaltensmuster definiert.[17] Es wird angenommen, dass insbesondere genetische Faktoren sowie konstante Kontexte – etwa stabile soziale Rollen – zur Beständigkeit von Eigenschaften im Erwachsenenalter beitragen. Trotz ihrer relativen Stabilität belegen zahlreiche Studien, dass Persönlichkeitseigenschaften über die gesamte Lebensspanne hinweg – bis ins hohe Alter – *veränderbar* sind und sich tatsächlich auch verändern.[18]

---

14 Vgl. Baumert et al., Integrating personality structure (wie Anm. 12); Neyer/Asendorpf, Psychologie der Persönlichkeit (wie Anm. 11).
15 Vgl. Wiebke Bleidorn/Ted Schwaba/Anqing Zheng/Christopher J. Hopwood/Susana S. Sosa/Brent W. Roberts/David A. Briley, Personality stability and change: A meta-analysis of longitudinal studies, in: Psychological Bulletin 148 (2022-7-8), 588–619; Brent W. Roberts/Nina R. Kuncel/Richard Shiner/Avshalom Caspi/Lewis R. Goldberg, The power of personality: The comparative validity of personality traits, socioeconomic status, and cognitive ability for predicting important life outcomes, in: Perspectives on Psychological Science 2 (2007-4), 313–345; Christopher J. Soto, How replicable are links between personality traits and consequential life outcomes? The life outcomes of personality replication project, in: Psychological Science 30 (2019), 711–727.
16 Vgl. Pim Cuijpers/Filip Smit/Brenda W. Penninx/Ron de Graaf/Margreet ten Have/Aartjan J. T. Beekman, Economic costs of neuroticism: A population-based study, in: Archives of General Psychiatry 67 (2010-10), 1086–1093.
17 Vgl. Baumert et al., Integrating personality structure (wie Anm. 12).
18 Vgl. Eileen K. Graham/Sara J. Weston/Denis Gerstorf/Tomiko B. Yoneda/Tom Booth/Christopher R. Beam/Andrew J. Petkus/Johanna Drewelies/Andrew N. Hall/Emily D. Bastarache/Ryne Estabrook/Mindy J. Katz/Nicholas A. Turiano/Ulman Lindenberger/Jacqui Smith/Gert G. Wagner/Nancy L. Pedersen/Mathias Allemand/Avron Spiro/... Daniel K. Mroczek,

Ergebnisse einer aktuellen Metaanalyse zur *langfristigen Stabilität und Veränderung* von Persönlichkeitseigenschaften belegen, dass das junge Erwachsenenalter eine zentrale Phase der Persönlichkeitsentwicklung und -reifung darstellt.[19] Diese Lebensphase ist gekennzeichnet durch eine zunehmende Stabilisierung interindividueller Unterschiede bei gleichzeitig hohen mittleren Veränderungsraten. Letztere deuten insgesamt auf Reifungsprozesse hin, die mit einem Anstieg an Gewissenhaftigkeit, Verträglichkeit und emotionaler Stabilität im Alter einhergehen. Neue Lebenskontexte und soziale Rollen im Bereich von Bildung, Beruf und Familie bringen dabei Anforderungen mit sich, die eine Anpassung grundlegender Verhaltensmuster notwendig machen. Während das mittlere Erwachsenenalter überwiegend durch Stabilität sowie eine kontinuierliche mittlere Zunahme bestimmter Persönlichkeitseigenschaften gekennzeichnet ist, zeigt sich im höheren Erwachsenenalter tendenziell ein mittlerer Rückgang dieser Eigenschaften.[20] Diese Phase des Lebens ist häufig mit einschneidenden Herausforderungen verbunden – etwa gesundheitlichen Beeinträchtigungen, dem Verlust nahestehender Personen oder dem Rückzug aus sozialen Rollen –, die zu einem Rückgang in der Ausprägung von Eigenschaften wie Extraversion, Verträglichkeit und Gewissenhaftigkeit beitragen können. Neben diesen eher langsamen Entwicklungsveränderungen zeigen aktuelle Erkenntnisse, dass eine gezielte und selbst initiierte Veränderung auch durch psychologische Interventionen in kurzer Zeit möglich ist.[21]

Trotz der beschriebenen durchschnittlichen Veränderungen zeigen sich über die Lebensspanne und auch in Interventionen hinweg deutliche interindividuelle Unterschiede – sowohl im Ausmass als auch in der Richtung von Persönlichkeitsveränderungen: Menschen entwickeln sich unterschiedlich und folgen jeweils individuellen Entwicklungsverläufen. Diese individuellen Verläufe lassen sich unter anderem auf die Art und Bedeutung erlebter Lebensereignisse, situative Kontexte sowie auf persönliche Bewältigungsstrategien und den Umgang mit herausfordernden Lebensumständen zurückführen.[22]

Trajectories of Big Five personality traits: A coordinated analysis of 16 longitudinal samples, in: European Journal of Personality 34 (2020-3), 301–321; Gabrielle N. Pfund/Mathias Allemand, Correlated change between personality traits and perceived social support in old age, in: Personality and Social Psychology Bulletin 50 (2024-2), 167–181; Brent W. Roberts/Kate E. Walton/Wolfgang Viechtbauer, Patterns of mean-level change in personality traits across the life course: A meta-analysis of longitudinal studies, in: Psychological Bulletin 132 (2006-1), 1–25.

19 Vgl. Bleidorn et al., Personality stability (wie Anm. 15).
20 Vgl. ebd.
21 Vgl. Mathias Allemand/Gabriel Olaru/Mirjam Stieger/Christoph Flückiger, Does realizing strengths, insight, and behavioral practice through a psychological intervention promote personality change? An intensive longitudinal study, in: European Journal of Personality 38 (2024-6), 928–946; Mirjam Stieger/Christoph Flückiger/Dominik Rüegger/Tobias Kowatsch/Brent W. Roberts/Mathias Allemand, Changing personality with the help of a digital personality change intervention, in: Proceedings of the National Academy of Sciences of the United States of America (PNAS) 118 (2021-8), e2017548118.
22 Vgl. Dan P. McAdams/Rebecca L. Shiner/Jennifer L. Tackett, Handbook of personality development, New York 2021.

9.4 Wie sich Persönlichkeit und Gesundheit gegenseitig beeinflussen

Wie oben erwähnt, gelten individuelle Ausprägungen von Persönlichkeitseigenschaften als potenzielle Schutz- und Risikofaktoren für die Gesundheit. Zudem ist es auch möglich, dass gesundheitliche Zustände wie chronische Schmerzen und verschiedene gesundheitsbezogene Anpassungsprozesse die Entwicklung der Persönlichkeit günstig oder ungünstig beeinflussen. In der Tat weisen zahlreiche Studien auf Korrelationen zwischen Persönlichkeitseigenschaften und psychischer Gesundheit, körperlicher Gesundheit und Gesundheitsverhalten hin.[23]

Die Stärke dieser Zusammenhänge variiert je nach betrachteter Persönlichkeitseigenschaft und dem jeweiligen Gesundheitsbereich. Ergebnisse einer Metaanalyse zeigen nämlich, dass Persönlichkeitseigenschaften insgesamt die stärksten Zusammenhänge mit der *psychischen Gesundheit* aufweisen, gefolgt vom Gesundheitsverhalten und der körperlichen Gesundheit.[24] Dabei handelt es sich um kleinere bis mittelgrosse Effekte. Mit der psychischen Gesundheit stehen insbesondere emotionale Stabilität, Gewissenhaftigkeit und Verträglichkeit in positiver Verbindung, während Extraversion und Offenheit nur schwache Zusammenhänge zeigen. Beispielsweise erleben Menschen mit niedriger emotionaler Stabilität Krisensituationen in der Regel als besonders belastend, sehen sie seltener als Chancen für persönliche Entwicklung und reagieren häufiger mit negativen Gefühlen wie Angst und Depression auf herausfordernde Lebensereignisse und Stresssituationen.[25] Zudem werden viele psychische Störungen wie etwa Angststörungen und Depressionen mit einer geringen emotionalen Stabilität in Verbindung gebracht.[26] Im Vergleich dazu zeichnen sich Personen mit hoher emotionaler Stabilität durch eine grössere Gelassenheit in stressreichen Situationen aus. Das bedeutet jedoch nicht, dass emotional stabile Menschen keine Anspannung empfinden oder sich in gewissen Situationen keine Sorgen um die Zukunft machen – vielmehr gelingt es ihnen meist besser, mit solchen Gefühlen konstruktiv umzugehen.

Die deutlichsten, wenn auch insgesamt eher moderaten Zusammenhänge zwischen *Gesundheitsverhalten* und den Big Five zeigen sich besonders bei Gewissenhaftigkeit, Verträglichkeit sowie emotionaler Stabilität. Für Extraversion findet sich ein äusserst schwacher, leicht negativer Zusammenhang, während sich für Offenheit nahezu keinerlei konsistente Hinweise auf durchschnittliche Zusammenhänge erkennen lassen.[27] Beispielsweise gilt ein hoher Grad an Gewissenhaftigkeit

---

23 Vgl. Howard S. Friedman/Sarah E. Hampson, Personality and health: A lifespan perspective, in: Oliver P. John/Richard W. Robins (Hg.), Handbook of personality: Theory and research, New York [4]2021, 773–790; Strickhouser et al., Does personality predict health and well-being? (wie Anm. 3).
24 Vgl. Strickhouser et al., Does personality predict health and well-being? (wie Anm. 3).
25 Vgl. Friedman/Hampson, Personality and health: A lifespan perspective (wie Anm. 23).
26 Vgl. John M. Malouff/Einar B. Thorsteinsson/Nicola S. Schutte, The relationship between the Five-Factor Model of personality and symptoms of clinical disorders: A meta-analysis, in: Journal of Psychopathology and Behavioral Assessment 27 (2005-2), 101–114.
27 Vgl. Strickhouser et al., Does personality predict health and well-being? (wie Anm. 3).

häufig als Schutzfaktor für die Gesundheit und wird mit zahlreichen gesundheitsförderlichen Verhaltensweisen in Verbindung gebracht – darunter regelmässige körperliche Aktivität, eine ausgewogene Ernährung und ein gesunder Schlafrhythmus.[28] Jedoch kann ein »Zuviel des Guten« auch negative Folgen haben: Wenn Menschen stets perfektionistisch, pünktlich, effizient und regelkonform sein wollen, kann eine chronisch übersteigerte Gewissenhaftigkeit gar zu schlechteren Leistungen und negativen gesundheitlichen Konsequenzen führen – etwa in Form von Burnout.[29] Eine geringe Ausprägung in Gewissenhaftigkeit wird als Risikofaktor betrachtet und äussert sich oft in gesundheitsgefährdenden Verhaltensweisen wie Bewegungsmangel, ungesunder Ernährung oder risikoreichem Fahrverhalten und kann mit einer erhöhten Wahrscheinlichkeit vorzeitiger Sterblichkeit einhergehen.[30]

Im Vergleich zu anderen Gesundheitsbereichen zeigen die Big Five Eigenschaften insgesamt die schwächsten Zusammenhänge mit der *körperlichen Gesundheit*. Im Durchschnitt fallen die Zusammenhänge eher gering aus, sind jedoch am stärksten zu finden für Gewissenhaftigkeit und Extraversion, während sie für Verträglichkeit, Offenheit und emotionale Stabilität nahezu null betragen.[31] Es gibt beispielsweise Hinweise darauf, dass ein hohes Mass an Gewissenhaftigkeit durchschnittlich mit einer niedrigeren Sterblichkeit verbunden ist.[32] Dies könnte zum Teil daran liegen, dass hohe Gewissenhaftigkeit das Immunsystem positiv beeinflusst, wodurch das Risiko für chronische Stressreaktionen, gesundheitliche Probleme und vorzeitige Sterblichkeit gesenkt wird.[33]

---

28 Vgl. Tim Bogg/Brent W. Roberts, Conscientiousness and health-related behaviors: A meta-analysis of the leading behavioral contributors to mortality, in: Psychological Bulletin 130 (2004-6), 887–919; Nicola Gartland/Antonia Wilson/Rebecca Lawton/Daryl B. O'Connor, Conscientiousness and engagement with national health behaviour guidelines, in: Psychology, Health and Medicine 26 (2021-4), 421–432.
29 Vgl. Huy Le/Il-Sue Oh/Steven B. Robbins/Remus Ilies/Ed Holland/Paul Westrick, Too much of a good thing: Curvilinear relationships between personality traits and job performance, in: Journal of Applied Psychology 96 (2011-1), 113–133.
30 Vgl. Bogg/Roberts, Conscientiousness (wie Anm. 28); Gartland et al., Conscientiousness and engagement with national health behaviour guidelines (wie Anm. 28).
31 Vgl. Strickhouser et al., Does personality predict health and well-being? (wie Anm. 3).
32 Vgl. Markus Jokela/George D. Batty/Solja T. Nyberg/Marianna Virtanen/Hermann Nabi/Archana Singh-Manoux/Mika Kivimäki, Personality and all-cause mortality: Individual-participant meta-analysis of 3,947 deaths in 76,150 adults, in: American Journal of Epidemiology 178 (2013-5), 667–675; Emily C. Willroth/Emorie Beck/Tomika B. Yoneda/Christopher R. Beam/Ian J. Deary/Johanna Drewelies/Denis Gerstorf/Martijn Huisman/Mindy J. Katz/Richard B. Lipton/Graciela Muniz Tererra/Nancy L. Pedersen/Chandra A. Reynolds/Avron Spiro III/Nicholas A. Turiano/Sherry Willis/Daniel K. Mroczek/Eileen K. Graham, Associations of personality trait level and change with mortality risk in 11 longitudinal studies, in: Journal of Personality and Social Psychology 128 (2025-2), 392–409.
33 Vgl. Páraic S. O'Súilleabháin/Nicholas A. Turiano/Denis Gerstorf/Martina Luchetti/Stephen Gallagher/Amanda A. Sesker/Antonio Terracciano/Angelina R. Sutin, Personality pathways to mortality: Interleukin-6 links conscientiousness to mortality risk, in: Brain, Behavior, and Immunity 93 (2021), 238–244.

Diese Forschungsbeispiele verdeutlichen die möglichen Zusammenhänge zwischen Persönlichkeitseigenschaften, insbesondere emotionaler Stabilität und Gewissenhaftigkeit, und verschiedenen Aspekten der Gesundheit. Vor diesem Hintergrund stellt sich die zentrale Frage, warum Persönlichkeitseigenschaften und Gesundheit in einer wechselseitigen Beziehung zueinanderstehen und durch welche Mechanismen diese Verbindung vermittelt wird. In der Persönlichkeitspsychologie werden hierzu verschiedene theoretische Gesundheitsmodelle diskutiert und empirisch überprüft.[34] Im Folgenden sollen drei konzeptuelle Perspektiven kurz erörtert werden, die den Zusammenhang zwischen Persönlichkeit und Gesundheit erläutern.

Die erste Perspektive betrachtet Persönlichkeitseigenschaften als relativ stabile individuelle Dispositionen, die Unterschiede in der Gesundheit »verursachen«. Aus dieser Sicht erscheinen Persönlichkeitseigenschaften als distale Einflussfaktoren, die die Funktionsfähigkeit des Individuums und somit auch die Gesundheit massgeblich beeinflussen. Einige konzeptuelle Modelle rücken das *Gesundheitsverhalten* in den Mittelpunkt. Sie gehen davon aus, dass Persönlichkeitseigenschaften sowohl mit gesundheitsförderlichen als auch mit gesundheitsriskanten Verhaltensweisen und Lebensstilen verknüpft sind – was langfristig sowohl die psychische als auch die physische Gesundheit beeinflussen kann.[35] Ein Beispiel hierfür ist, dass gewissenhafte Personen dazu tendieren, medizinische Anweisungen verlässlich zu befolgen und verschriebene Medikamente regelmässig sowie vorschriftsgemäss einzunehmen – was sich langfristig positiv auf ihre gesundheitliche Entwicklung auswirken kann.[36]

Die zweite Perspektive erweitert den Fokus über das zuvor beschriebene Gesundheitsverhalten hinaus und bezieht *zusätzliche Mechanismen* ein, die den Zusammenhang zwischen Persönlichkeitseigenschaften und Gesundheit erklären. Im Zentrum stehen dabei insbesondere das Stresserleben, die Art der Stressbewältigung, physiologische Reaktionen sowie die soziale Funktionsfähigkeit.[37] Eigenschaften beeinflussen das Stresserleben, insbesondere wie Menschen Stress wahrnehmen, bewerten und damit umgehen.[38] Die individuellen Stressbewältigungsprozesse wirken sich wiederum auf *physiologische Reaktionen* – etwa auf das Immunsystem, die Herzfrequenz oder den Blutdruck – aus und können langfristig sowohl die psychische als auch

---

34 Vgl. Howard S. Friedman/Margaret L. Kern, Personality, well-being, and health, in: Annual Review of Psychology 65 (2014), 719–742; Tom W. Smith, Personality as risk and resilience in physical health, in: Current Directions in Psychological Science 15 (2006-5), 227–231; Nicholas A. Turiano/Nicole M. Silva Belanger/Rebekah L. Damitz/Patrick L. Hill/Daniel K. Mroczek, Health processes in personality, in: John F. Rauthmann (Hg.), The Handbook of Personality Dynamics and Processes, London 2021, hier: 1251–1271.
35 Vgl. Smith, Personality as risk and resilience (wie Anm. 34).
36 Vgl. Patrick L. Hill/Brent W. Roberts, The role of adherence in the relationship between conscientiousness and perceived health, in: Health Psychology 30 (2011-6), 797–804.
37 Vgl. Turiano et al., Health processes (wie Anm. 34).
38 Vgl. Jennifer K. Connor-Smith/Celeste Flachsbart, Relations between personality and coping: A meta-analysis, in: Journal of Personality and Social Psychology 93 (2007-6), 1080–1107; Henk van Steenbergen/Ellen R. A. de Bruijn/Anna C. K. van Duijvenvoorde/Anne-Laura van Harmelen, How positive affect buffers stress responses, in: Current Opinion in Behavioral Sciences 39 (2021), 153–160.

die körperliche Gesundheit beeinflussen. Wie stark ein bestimmter Stressor als belastend empfunden wird, hängt unter anderem von der individuellen Ausprägung in Persönlichkeitseigenschaften ab. Zum Beispiel neigen extravertierte und gewissenhafte Personen im Umgang mit Stress eher zu funktionalen Bewältigungsstrategien wie Problemlösung, Emotionsregulation oder kognitiver Umstrukturierung. Im Gegensatz dazu greifen Personen mit niedriger emotionaler Stabilität häufiger auf dysfunktionale Strategien wie Wunschdenken oder Rückzug zurück.[39] Diese Unterschiede in der Stressbewältigung können sich wiederum unterschiedlich auf physiologische Reaktionen und somit auf die Gesundheit auswirken. Darüber hinaus zeigen Studien, dass eine geringe emotionale Stabilität in Kombination mit einer erhöhten Stressanfälligkeit häufig mit einem erhöhten Risiko für Herz-Kreislauf-Erkrankungen, wie etwa Herzinfarkte, assoziiert ist.[40]

Auch die *soziale Funktionsfähigkeit* spielt eine wichtige Rolle im Zusammenhang zwischen Persönlichkeit und Gesundheit. Ein starkes und unterstützendes soziales Umfeld ist eine zentrale Ressource zur Stressbewältigung und im Umgang mit belastenden Lebensereignissen wie Krankheiten und Krisen.[41] Die Wahrnehmung sozialer Unterstützung variiert in Abhängigkeit von den Ausprägungen der Big Five Eigenschaften.[42] So stehen beispielsweise Verträglichkeit und Extraversion in positivem Zusammenhang mit verschiedenen Formen sozialer Unterstützung wie emotionaler und praktischer Hilfe. Darüber hinaus können bestimmte Facetten der Gewissenhaftigkeit wie etwa Ordentlichkeit sogar die Gesundheit und das Gesundheitsverhalten des Partners oder der Partnerin positiv beeinflussen.[43] Wichtig ist, dass die genannten Mechanismen – Gesundheitsverhalten, Stresserleben, Bewältigung und soziale Beziehungen – nicht unabhängig voneinander wirken, sondern in einem wechselseitigen Zusammenspiel stehen.[44]

Die dritte und aktuellste Perspektive versteht sowohl Gesundheit als auch Persönlichkeit als *dynamische Konstrukte*, die sich im Verlauf des Lebens *wechselseitig beeinflus-*

---

39 Vgl. Connor-Smith/Flachsbart, Relations between personality and coping: A meta-analysis (wie Anm. 38); van Steenbergen u. a., How positive affect buffers stress responses (wie Anm. 38).
40 Vgl. Adil Mahmood/Judit Simon/Jackie Cooper/Theodore Murphy/Celeste McCracken/Juan Quiroz/Liliana Laranjo/Nay Aung/Aaron M. Lee/Mohammed Y. Khanji/Stefan Neubauer/Zahra Raisi-Estabragh/Pal Maurovich-Horvat/Steffen E. Petersen, Neuroticism personality traits are linked to adverse cardiovascular phenotypes in the UK Biobank, in: European Heart Journal – Cardiovascular Imaging 24 (2023-11), 1460–1467.
41 Vgl. Lisa F. Berkman/Thomas Glass/Ian Brissette/Teresa E. Seeman, From social integration to health: Durkheim in the new millennium, in: Social Science and Medicine 51 (2000-6), 843–857; Cornelia Wrzus/Martha Hänel/Jenny Wagner/Franz J. Neyer, Social network changes and life events across the life span: A meta-analysis, in: Psychological Bulletin 139 (2013-1), 53–80.
42 Vgl. Pfund/Allemand, Correlated change between personality traits and perceived social support in old age (wie Anm. 18).
43 Vgl. William Chopik/Ji H. Lee, Dyadic associations between conscientiousness facets, health, and health behavior over time, in: Collabra: Psychology 8 (2022-1), 37611.
44 Vgl. Turiano et al., Health processes (wie Anm. 34).

sen und über verschiedene psychologische, physiologische und soziale Mechanismen miteinander in Beziehung stehen. Persönlichkeit beeinflusst nicht nur das Ausbleiben oder Auftreten von Krankheiten – auch umgekehrt können gesundheitliche Zustände und Erkrankungen die Persönlichkeit verändern. Studien zeigen beispielsweise, dass mit dem Beginn einer Alzheimer-Erkrankung alle Ausprägungen der Big Five Persönlichkeitsmerkmale zurückgehen.[45] Zudem stehen Veränderungen in der Gewissenhaftigkeit in wechselseitigem Zusammenhang mit Veränderungen im präventiven Gesundheitsverhalten (z. B. regelmässige Vorsorgeuntersuchungen, ausreichende körperliche Aktivität) sowie mit der selbst eingeschätzten körperlichen Gesundheit.[46] Es gibt auch Hinweise darauf, dass sich Veränderungen in Neurotizismus und Extraversion wechselseitig mit Veränderungen in der selbst eingeschätzten Gesundheit und dem allgemeinen Gesundheitszustand beeinflussen. Ausserdem zeigte sich, dass sich Veränderungen in diesen Persönlichkeitseigenschaften auch auf die körperliche Funktionsfähigkeit auswirken können.[47]

In den letzten Jahren haben sogenannte »Spektrumsmodelle« zunehmend an Bedeutung gewonnen. Diese Modelle verstehen Persönlichkeitseigenschaften und psychische Gesundheit nicht als getrennte, sondern als eng miteinander verbundene Phänomene, die auf einem *gemeinsamen Kontinuum* liegen.[48] Dabei wird angenommen, dass sich Persönlichkeitseigenschaften und psychische Gesundheit primär im Ausmass und nicht grundsätzlich in ihrer Art unterscheiden. Forschungsergebnisse zeigen beispielsweise, dass sowohl Substanzkonsum als auch substanzbezogene Störungen mit erhöhter Impulsivität[49] sowie mit Veränderungen der Impulsivität in

---

45 Vgl. Tarja-Brita Robins Wahlin/Gerard J. Byrne, Personality changes in Alzheimer's disease: A systematic review, in: International Journal of Geriatric Psychiatry 26 (2011–10), 1019–1029.
46 Vgl. Yusuke Takahashi/Grant W. Edmonds/Joshua J. Jackson/Brent W. Roberts, Longitudinal correlated changes in conscientiousness, preventative health-related behaviors, and self-perceived physical health, in: Journal of Personality 81 (2013–4), 417–427.
47 Vgl. Jing Luo/Bo Zhang/Ryne Estabrook/Eileen K. Graham/Charles C. Driver/Benjamin D. Schalet/Nicholas A. Turiano/Avron Spiro III/Daniel K. Mroczek, Personality and health: Disentangling their between-person and within-person relationship in three longitudinal studies, in: Journal of Personality and Social Psychology 122 (2022–3), 493–522.
48 Vgl. Roman Kotov/Robert F. Krueger/David Watson/David C. Cicero/Christopher C. Conway/Colin G. DeYoung/Nicholas R. Eaton/Miriam K. Forbes/Michael N. Hallquist/Robert D. Latzman, The hierarchical taxonomy of psychopathology (HiTOP): A quantitative nosology based on consensus of evidence, in: Annual Review of Clinical Psychology 17 (2021), 83–108; Johannes Stricker/Susanne Buecker/Reinhard Pietrowsky, Alignment of the personality inventory for ICD-11 with the five-factor model of personality, in: Psychological Assessment 34 (2022–7), 711–716.
49 Vgl. Antonio Verdejo-García/Andrew J. Lawrence/Luke Clark, Impulsivity as a vulnerability marker for substance-use disorders: Review of findings from high-risk research, problem gamblers and genetic association studies, in: Neuroscience and Biobehavioral Reviews 32 (2008–4), 777–810.

Verbindung stehen.⁵⁰ Impulsivität wird als eine Facette mehrerer Persönlichkeitseigenschaften betrachtet, insbesondere in Zusammenhang mit niedrigen Ausprägungen in Gewissenhaftigkeit und emotionaler Stabilität. Sowohl substanzbezogene Störungen als auch Impulsivität teilen teilweise gemeinsame genetische und umweltbedingte Risikofaktoren. Diese Befunde verdeutlichen, dass Persönlichkeitseigenschaften und psychische Gesundheit keine strikt getrennten Konstrukte darstellen, sondern durch gemeinsame biologische, verhaltensbezogene und soziale Mechanismen miteinander verbunden sind.

Insgesamt deuten sowohl die konzeptuellen Modelle als auch die empirischen Befunde darauf hin, dass Persönlichkeit und Gesundheit eng miteinander verknüpft sind – über verschiedene Pfade wie Gesundheitsverhalten, Stressbewältigung und soziale Einflüsse. Studien legen nahe, dass zwischen Persönlichkeitseigenschaften und mehreren Aspekten der Gesundheit eine wechselseitige Beeinflussung besteht oder dass sie sogar auf einem gemeinsamen Spektrum liegen. Dies hat bedeutende Implikationen für die Gesundheitsförderung sowie für die Gesundheitsseelsorge.

9.5 Implikationen für die Gesundheitsseelsorge – basierend auf religionspsychologischen Erkenntnissen

Zu den Persönlichkeitseigenschaften, die von gesundheitlicher Relevanz sind, können auch Religiosität und/oder Spiritualität (R/S) gezählt werden. Inwieweit und in welcher Form sich R/S als Eigenschaften im Sinne der Persönlichkeitspsychologie verstehen lassen, ist Gegenstand von Diskursen, die im Schnittfeld von Persönlichkeits- und Religionspsychologie geführt werden.⁵¹ So hat beispielsweise der US-amerikanische Persönlichkeitspsychologe Ralph Piedmont vorgeschlagen, Spiritualität als ein universal vorhandenes Motiv zu verstehen, Religiosität hingegen als ein »Sentiment«, das heißt eine emotionale Tendenz, die sich infolge von Sozialisationsprozessen ausbilden kann oder auch nicht.⁵² Ungeachtet der spezifischen persönlichkeitspsychologischen Kategorisierung von R/S lassen sich aber gute Gründe vorbringen, R/S innerhalb psychologischer Theoriebildung und Forschung als Eigenschaft(en) zu verstehen, die sich als individuelle Ressourcen und auch als Risiko-

---

50 Vgl. Christina M. Juchem/Antonia Bendau/Leonie C. Bandurski/Nico J. Reich/Saskia Baumgardt/Eva Asselmann, Personality changes related to presence and treatment of substance use (disorders): A systematic review, in: Psychological Medicine 54 (2024-9), 1905–1929.
51 Vgl. Ralph L. Piedmont, Does spirituality represent the sixth factor of personality? Spiritual transcendence and the five-factor model, Journal of Personality 67 (1999), 985–1013.
52 Vgl. Ralph L. Piedmont/Teresa A. Wilkins, Spirituality, religiousness, and personality: Theoretical foundations and empirical applications. In: Ken I. Pargament/ Julie J. Exline/ James W. Jones (Eds.), APA handbook of psychology, religion and spirituality (Vol. 1, 173–186), Washington 2013, hier: 180.

faktoren gesundheitlich relevant erweisen können.[53] Insbesondere Befunde aus der entsprechenden religionspsychologischen Forschung zu R/S und psychischer Gesundheit haben in der jüngeren Geschichte der Seelsorgelehre Berücksichtigung gefunden.[54] So wird gerne die Vielzahl der Studien rezipiert, die die oft schwachen, aber stabilen salutogenetischen Effekte von Glauben nachweist.[55] Eine im vergangenen Jahr erschienene poimenische Untersuchung von Norina Ullmann bietet einen Überblick über das Querschnittsfach Religionspsychologie wie auch über dessen empirischen Studienergebnisse zum Zusammenhang von Religiosität/Spiritualität und Glaube sowie zu theoretischen Erklärungsmodellen.[56] Dabei rekurriert Ullmann auch auf das Wirkmodell von Constantin Klein und Cornelia Albani, das auf den von Ellen Idler[57] und Sebastian Murken[58] eruierten sechs Wirkmechanismen von Religiosität beruht.[59] Zu den zentralen Ergebnissen der Studie von Ullmann zählen »[g]esundheitsförderliche und -hinderliche Dimensionen des Glaubens«, die im »Dialog zwischen den Befunden zu R/S und dem christlich-protestantischen Glauben« erarbeitet wurden.[60] Dabei wird »Glaube« zur »Unterscheidungskunst«, die von der Theologie die dafür nötigen Kriterien bezieht.[61]

Im Vergleich zur Religionspsychologie wurden persönlichkeitspsychologische Ergebnisse im Bereich Gesundheit in der Poimenik bisher kaum rezipiert. Die bisherigen Ausführungen zeigen jedoch, dass hier für die Seelsorgelehre sowie für die praktische Seelsorge wichtige Erkenntnisse zu gewinnen sind, diese jedoch auf den erzielten religionspsychologischen Erkenntnissen zu Gesundheit aufbauen müs-

---

53 Vgl. Constantin Klein, Religiosität als Gegenstand der Psychologie. Rahmenbedingungen einer empirischen Religionspsychologie, Saarbrücken 2008, 164 f.
54 Vgl. Hisham Abu-Raiya/Kenneth I. Pargament, Putting research into practice: Toward a clinical psychology of religion and spirituality, in: Isabelle Noth/Christoph Morgenthaler/Kathleen J. Greider (Eds.), Pastoral psychology and psychology of religion in dialogue, Stuttgart 2011, 13–27; Michael Klessmann, Religion und Gesundheit, in: ebd., 28–39.
55 Vgl. Harold G. Koenig/Tyler VanderWeele/John R. Peteet, Handbook of religion and health, New York ³2024; David H. Rosmarin/Harold G. Koenig, Handbook of spirituality, religion, and mental health, Amsterdam ²2020.
56 Norina Ullmann, Glaube und Gesundheit. Impulse der empirischen Religionspsychologie für eine integrative Seelsorge, Berlin/Boston 2024. Vgl. dazu die Rezension von Isabelle Noth in: ThLZ 7 (2025), Sp. 626–628.
57 Vgl. Ellen L. Idler, Religious involvement and the health of the elderly: Some hypotheses and an initial test, in: Social Forces 66 (1987), 226–238; dies., Cohesiveness and coherence: Religion and the health of the elderly, New York 1994.
58 Vgl. Sebastian Murken, Gottesbeziehung und psychische Gesundheit. Die Entwicklung eines Modells und seine empirische Überprüfung, Münster 1998, 74 f.; Marion Schowalter/Sebastian Murken, Religion und psychische Gesundheit – empirische Zusammenhänge komplexer Konstrukte, in: Christian Henning/Sebastian Murken/Erich Nestler (Hg.), Einführung in die Religionspsychologie, Paderborn 2003, 139–162.
59 Vgl. zur aktuellen Version des Modells, das die Komplexität des Zusammenhangs von Gesundheit und Religiosität/Spiritualität veranschaulicht, den Beitrag von Constantin Klein in diesem Band.
60 Ebd., 371.
61 Ebd., 468.

sen. Gesundheitsseelsorge will »beim Lebensalltag von Einzelpersonen an(setzen)«.[62] Die bisherigen persönlichkeitspsychologischen Ausführungen zeigen, dass sie noch grundlegender, nämlich nicht nur beim Lebensalltag, sondern bei den Einzelpersonen und ihren individuellen Eigenschaften selbst ansetzen muss. Der Kontext – sei er nun ein Krankenhaus oder außerhalb einer Institution –, aber auch Situationen werden in dieser Perspektive nicht nebensächlich oder zweitrangig, sondern zu einem unter mehreren zu berücksichtigenden Faktoren. Seelsorgende profitieren von fachpsychologischen Kenntnissen über den wechselseitigen Einfluss von Persönlichkeitseigenschaften und konkretem Gesundheitsverhalten. Eine vertiefte Sensibilität für diese komplexen Wechselwirkungen ermöglicht ihnen ein besseres Verständnis für ihr Gegenüber und seine Reaktionen und darüber, welche Begleitformen hilfreicher sein können als andere.

Von besonderer Bedeutung für die Gesundheitsseelsorge sind demnach Studien, die den Zusammenhang von Persönlichkeit, Gesundheit und Religiosität und/oder Spiritualität untersuchen. Eine Metaanalyse von 2002 führte zum Ergebnis, dass Religiosität mit erhöhter Verträglichkeit und mehr Gewissenhaftigkeit wie auch mit stärkerer Extraversion verbunden ist, auch wenn die Zusammenhänge insgesamt gering ausfallen.[63] Für Seelsorgende ist es sinnvoll zu wissen, dass eine höhere Gewissenhaftigkeit mit Religiosität verbunden ist und eine geringe Ausprägung in Gewissenhaftigkeit tendenziell zu einem risikoreicheren Gesundheitsverhalten führt. So gibt es Befunde, die zeigen, dass religiöse Menschen im Durchschnitt länger leben als weniger religiöse. Religiöse sowie Menschen mit höherer Gewissenhaftigkeit zeigen also mehr gesundheitsförderliche und weniger gesundheitsschädigende Verhaltensweisen, was sich längerfristig auf die proximale Gesundheit (z. B. körperliche Gesundheit) und auch distale Gesundheit (z. B. Mortalität) auswirken kann. Diese Wissensbestände ermöglichen eine individualisierte Begleitung beim Ausbau gesundheitsförderlicher Ressourcen: Seelsorgende können Gewohnheiten und Verhaltensweisen stärken, die mit positiven Persönlichkeitsmerkmalen zusammenhängen, z. B. Achtsamkeit (bei Offenheit), Zielorientierung (bei Gewissenhaftigkeit) soziale Einbindung (bei Extraversion), prosoziale Haltungen (bei Verträglichkeit), Optimismus (bei emotionaler Stabilität bzw. geringer negativer Emotionalität).

Kenntnisse über die geschilderten Zusammenhänge haben praktische Implikationen für die Gesundheitsseelsorge, da sie Seelsorgende dabei unterstützen, individuelle Aspekte stärker zu berücksichtigen, sensibel auf gesundheitliche Aspekte von Erzählungen zu hören, ihre Wahrnehmung für gesundheitsbezogene Themen zu

---

62 Isabelle Noth, Von der Spitalseelsorge zur Gesundheitsseelsorge: Plädoyer für eine poimenische Fokusverlagerung im 21. Jahrhundert, in: Isabelle Noth/Thomas Wild/Sabina Ingold/Michael Roth (Hg.), Gesundheitsseelsorge in der Schweiz. Reformierte Perspektiven, Zürich 2025, 13–38, hier: 28.

63 Vgl. Vassilis Saroglou, Religion and the five factors of personality: a meta-analytic review, in: Personality and Individual Differences 32 (2002), 15–25; ders., Religiousness as a cultural adaptation of basic traits: A Five-Factor Model perspective, in: Personality and Social Psychology Review 14 (2010), 108–125.

9. Gesundheit aus persönlichkeitspsychologischer Sicht

schärfen und angemessen auf bestimmtes gesundheitsrelevantes Verhalten zu reagieren.

Dies soll anhand eines Beispiels kurz veranschaulicht werden:[64]

> Frau X. (ca. 50-jährig) erzählt der Seelsorgerin auf einem Spaziergang, den sie vereinbart hatten, sie sei neu Mitglied im Kirchgemeinderat geworden. Dabei sei ihr aufgefallen, dass die anderen Räte so gut wie nie im Sonntagsgottesdienst anzutreffen seien. Dies bereite ihr große Mühe. Denn es sei doch der Tag des Herrn, an dem man als Christ zu Ehren Gottes miteinander zusammenkomme und sich stärke. Sie könne einfach nicht verstehen, wieso diese Leute eine Funktion in der Kirche einnähmen, ohne sich je am Sonntag in der Gemeinde zu zeigen.

Die Seelsorgerin hört aus der Schilderung von Frau X. eine bestimmte religiöse Prägung heraus, die sie als traditionell bzw. konservativ identifiziert. So zählt zum traditionellen Kirchenbild der wöchentliche Besuch des Sonntagsgottesdienstes. Die Seelsorgerin spürt aus den Worten einen gewissen moralischen Druck, andere und sich selbst (vermeintlich) vorgegebenen Normen zu unterwerfen, im vorliegenden Fall einem bestimmten Konzept von Kirchesein und Gottesdienst. Die Seelsorgerin spürt aber auch die Ernsthaftigkeit und Gewissenhaftigkeit von Frau X. im Bereich religiöser Praxis. Ein kirchliches Amt innezuhaben ist auch mit einer bestimmten Vorbildfunktion verknüpft, die sich im konkreten Verhalten (regelmäßige Teilnahme am Gottesdienst am Sonntag) widerspiegelt.

> Im weiteren Verlauf des Gesprächs vertraut Frau X. der Seelsorgerin an, dass sie Angst vor einer bevorstehenden Untersuchung im Zusammenhang mit einer schweren Erkrankung habe. Sie müsse deshalb stets Medikamente nehmen. Sie sei schon mitten in der Nacht schweißgebadet aufgewacht und hätte Angst gehabt, am Abend die Medikamenteneinnahme vergessen zu haben. Sie sei aufgestanden und hätte voller Angst den Tablettendosierer geprüft, da seien jedoch keine Tabletten für den Abend mehr vorhanden gewesen. Sie hätte sie also nicht vergessen zu schlucken. Dies hätte bei ihr eine riesige Erleichterung ausgelöst.

Die gesundheitssensible Seelsorgerin weiß, dass religiöse Menschen tendenziell gewissenhafter sind und Menschen mit höherer Gewissenhaftigkeit, die regelmäßig Medikamente einnehmen müssen, eher geneigt sind, sich an ärztliche Weisungen zu halten, als solche mit geringerer Ausprägung. Ein Tablettendosierer dient als Unterstützung insbesondere von Menschen mit weniger ausgeprägter Gewissenhaftigkeit, sich an die medizinischen Vorgaben zu halten. Er kann jedoch auch Personen mit hoher Ausprägung im Bereich der Gewissenhaftigkeit – wie bei Frau X. – helfen, sie zu bestätigen, den Anweisungen Folge geleistet zu haben, und sie dadurch beruhigen. Solche Personen können nämlich auch dazu neigen, ängstlich zu werden bei Nichteinhalten von Vorgaben, und ihre gesteigerte Vigilanz kann Stressreaktionen auslösen wie das schweißgebadete Aufwachen mitten in der Nacht aus Sorge, etwas unterlassen zu haben.

Die kurze Sequenz aus einer seelsorglichen Begleitung zeigt unter gesundheitsseelsorglicher Perspektive, wie Persönlichkeitsmerkmale mit Religiosität, Einschätzungen und Bewertungen, konkreten Reaktionen und gesundheitsrelevantem Verhalten zu-

---

64 Die Situation wurde vollständig verfremdet.

sammenhängen und interagieren. So entsteht ein facettenreiches Bild eines in sich vielfach verknüpften Netzwerkes an Effekten und Wechselwirkungen. Es zeigt auch an, in welche Richtung zukünftige Forschung vonnöten ist. Es gilt, persönlichkeitspsychologische und religionspsychologische Perspektiven zu integrieren, die jeweiligen Prädiktoren sowie Moderatoren in ihrem Zusammenspiel zu identifizieren, und deren jeweilige Effekte in Zukunft detaillierter zu erforschen, um daraus umfangreichere Schlussfolgerungen für die therapeutische ebenso wie für die seelsorgliche Praxis ableiten zu können. Das Paradigma der Gesundheitsseelsorge ist diesem Anliegen aus einer praktisch-theologischen Perspektive verpflichtet.

Die Beitragenden

Dr. phil. Mathias Allemand ist Titularprofessor für Psychologie an der Universität Zürich und wissenschaftlicher Mitarbeiter an der Abt. Seelsorge, Religionspsychologie und Religionspädagogik an der Theologische Fakultät der Universität Bern.

Dr. theol. habil. Reiner Anselm ist Professor für Systematische Theologie und Ethik an der Evangelisch-Theologischen Fakultät der LMU München.

Dr. phil. Dipl.-theol. Dorothee Arnold-Krüger M. A. ist kommissarische Direktorin des Zentrums für Gesundheitsethik (ZfG) an der Evangelischen Akademie Loccum.

Dr. phil. Constantin Klein ist Professor für Praktische Theologie und Generationenbeziehungen an der Evangelischen Hochschule Dresden.

Dr. theol. habil. Evelyn Krimmer ist assoziierte Professorin für Religionspädagogik an der Abt. Seelsorge, Religionspsychologie und Religionspädagogik an der Theologischen Fakultät der Universität Bern.

Dr. theol. habil. Isabelle Noth, BSc Psych, ist Professorin für Seelsorge, Religionspsychologie und Religionspädagogik an der Theologischen Fakultät der Universität Bern und Präsidentin der Programmleitung der Aus- und Weiterbildung in Seelsorge, Spiritual Care und Pastoralpsychologie Schweiz.

Dr. theol. habil. Uta Pohl-Patalong ist Professorin für Praktische Theologie und Religionspädagogik an der Christian-Albrechts-Universität zu Kiel.

Dr. theol. habil. Michael Tilly ist Professor für Neues Testament und Leiter des Instituts für Antikes Judentum und Hellenistische Religionsgeschichte an der Evangelisch-Theologischen Fakultät der Eberhard Karls Universität Tübingen.

Dr. theol. habil. Andreas Wagner M. A. ist Professor für Altes Testament an der Theologischen Fakultät der Universität Bern.